公主特约
培养超棒女孩

温泉◎编著

海天出版社（中国·深圳）

图书在版编目（CIP）数据

公主特约：培养超棒女孩 / 温泉编著. — 深圳：
海天出版社，2016.3

（中艺儿童成长系列）

ISBN 978-7-5507-1481-6

Ⅰ.①公… Ⅱ.①温… Ⅲ.①女性—儿童教育—家庭
教育 Ⅳ.①G78

中国版本图书馆CIP数据核字（2015）第248231号

公主特约：培养超棒女孩

GONGZHU TEYUE: PEIYANG CHAOBANG NUHAI

出 品 人　聂雄前
责任编辑　陈　军　张绪华
责任技编　梁立新
封面设计　元明·设计

出版发行　海天出版社
地　　址　深圳市彩田南路海天综合大厦（518033）
网　　址　www.htph.com.cn
订购电话　0755-83460202（批发）0755-83460239（邮购）
排版设计　深圳市新知文轩数码技术有限公司
印　　刷　深圳市希望印务有限公司
开　　本　787mm×1092mm　1/16
印　　张　18.25
字　　数　200千
版　　次　2016年3月第1版
印　　次　2016年3月第1次
定　　价　39.00元

著名教育家、社会心理学家王东华先生在《发现母亲》一书中指出："如果你在家教育子女，是在教育公民；如果你在家培养女儿，是在培养整个民族。"

首先，一个女孩在上学期间的影响力是不可忽视的。有一位有经验的班主任这样说道："一个好女孩，能带好十个男孩。"一个优秀女生的影响力和榜样的作用对班级的学风、班风乃至学校的精神风貌都起着非常重要的作用。

其次，一个女孩长大成人成家立业以后，对一个家庭，一个部门的影响力也是很大的。

一个贤惠的妻子，可以幸福三代人。一个不贤惠的"河东狮"可能祸害四代人。一个贤惠的妻子，她不仅知道怎样去爱自己的家庭、自己的丈夫，教育好自己的孩子，而且还知道，怎样去孝敬公婆。一个成功的人士在幼年的时候，大多会受到一个贤良能干的母亲的影响和教育。在中国近现代史上，就有三位母亲教育子女成才的典型范例。这三位母亲，一位是冯顺弟，安徽绩溪中屯村人，胡适的母亲；一位是吴清芝，河南唐河城南二十五里小吴庄人，冯友兰、冯景兰、冯叔兰（沅君）的母亲；一位是鲁瑞，浙江会稽东北乡安桥头村人，周树人（鲁迅）、周作人、周建人的母亲。三位母亲在身世际遇上有着不少的相似之处：她们尽管都出生在农村且她们年轻的时候都不幸丧夫，年纪轻轻就担负起了抚育幼小子女的重担。但是她们都把自己的孩子一个个教育成才。

　　而一个贤惠的妻子，是一个成功男人背后的一块磐石，她们不仅不拖丈夫的后腿，而且还会给予丈夫无私的帮助和支持。一个成功的男人背后，往往隐藏一个默默无闻的伟大女性；一个贤惠的儿媳，懂得怎样去孝敬自己的公婆，使自己的丈夫工作安心，免受家庭之累，而且把中华民族的传统美德无形地传给了自己的下一代。

　　所以，从某种意义上讲，伟大的女性不仅孕育了中华儿女，也在用自己伟大的母爱影响着祖国的下一代。因此，培养女孩的意义不言自明：小的方面可以造福几代人，大的方面是在培养整个民族。

　　而一个女孩应具备哪些素养呢？当然以品质塑造为主。都说女孩要"富养"，"富"就富在其优秀品质、过人智慧、良好习惯及高贵气质等。而身体作为生命之本钱，自然必须好好维护。本书将针对这些方面，给予"望女成凤"的家长们一些有效的建议。

　　事实证明，一个超棒女孩，她必须具有自信、自立、仁爱、诚信、坚韧、宽容、孝顺等美好品质。加上智力的聪慧、身体的康健、习惯的良好等，其高贵气质便能自然而然地流露出来。总而言之，超棒女孩必然心灵高贵、气质脱俗。

　　编者衷心期待，家长们从本书所得比想象中多！

中国艺术教育研究中心　艺术总监
中国艺术教育家协会　　秘书长
香港家燕妈妈演艺中心　星级导师
广东省艺术教育促进会　会长

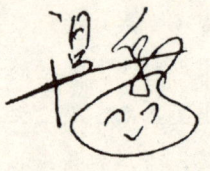

　　（温泉老师，著名编导，"中艺星光"杯全国艺术人才教育成果展品牌创始人，2014年"中国梦·少年梦"全国少儿春晚总导演，2013年湖南卫视少儿春晚执行导演。）

第一章

自信，化平庸为神奇

引语：

自信是一种力量，能化平庸为神奇。无论身处顺境，还是逆境，都应该微笑地、平静地面对人生，有了自信，生活便有了希望。『天生我才必有用』，哪怕命运之神一次次把我们捉弄，只要拥有自信，拥有一颗自强不息、积极向上的心，成功迟早会属于你的。当然，自信也要有分寸，否则，过分自信，就会变得狂妄自大、目中无人，必然会导致失败。

细 ① 自信女孩最美丽
节

自信的女孩之所以美丽，是因为她的姿态
积极，给人一种如沐春光的感觉，赏心悦目。

一个漂亮的女孩不一定自信，一个自信的女孩就是美丽！自信的女孩最美丽，因为她会表现出好的精神面貌，有一种神采奕奕的开朗面部表情，给人一种很舒服的感觉。让周边的人，也因为她而自信起来，充满活力起来，用快乐去面对生活！

一位哲人说得好："谁拥有自信谁就成功了一半。"自信是孩子成长过程中的精神核心，是促使孩子充满信心去面对困难，努力完成自己愿望的动力。那么，如何培养孩子的自信呢?

教女孩关注自己的优点

　　没有人是完美的，但是每个人都有自己优秀的地方。人如果总想自己的缺点和失败，当然会越来越没信心。教她为自己拥有的特长和优点感到自豪，列出十个优点，不论是哪方面的（外貌、性格、习惯等方面，多多益善）。在从事各种活动时，想想这些优势，并告诉自己有什么优点，这样有助女孩提升自信。

教女孩积极自我暗示

　　自我心理暗示，不断对自己进行正面心理强化，避免对自己进行负面强化。一旦自己有所进步（不论多小）就对自己说"我能行！""我很棒！""我能做得更好！"等等，这将不断提升自己的信心。默念"我行""我能行"。默念时要果断，要反复念，特别是遇到困难时更要念。只要坚持念，女孩就会通过自己积极的心理暗示，逐渐树立起信心。

教女孩树立自信的外部形象

　　首先，保持整洁、得体的仪表，有利于增强一个人的自信；其次，举止自信，如行路目视前方等，刚开始可能不习惯，但经过一段时间后就会有发自内心的自信；另外，注意锻炼、保持健美的体形对增强自信也很有帮助。

▶▶ 帮助女孩设定合乎能力的目标

帮助她设定一些合乎能力的目标，做自己能做到的事情。如果目标太高，都是她自己力不能及的，那么久而久之，她无法体验到成就感和价值感，就会对自己失去自信心；如果目标太低，女孩完成得轻而易举，就会变得轻率和骄傲。实际上，自信往往来自于成功，多次成功的积累，会使人更加相信自己的才能。所以，设立合乎孩子能力的小目标，比设立不切实际的大目标，对培养女孩自信心更加有效。

2 让女孩脱离自卑

细节

> 让女孩脱离自卑，就是要尊重她、鼓励她和给她创造培养自信的机会。

女孩从自卑到自信，需要父母在构建女孩的精神世界的过程中，从点滴做起，尊重和鼓励女孩，营造一个乐观自信的家庭环境，帮助女孩克服自卑的心理，在这样的氛围里，女孩的自信心会慢慢地建立起来。父母要用心帮助女孩找到"赢"的机会，女孩获得成功的体验，学习的热情才会提高。

有一位家长说：女儿3岁以前，因为出外玩耍的机会少，社会交际也不多，所以一直在与人交往方面存在缺陷，缺少自信，害怕被拒绝。

虽然这些年一直留心给她创造着机会，她的变化也很大，但一直留有早年的痕迹。一次女儿去英语辅导班，半路上发现眼镜忘在家里了，就要求她给老师反映一下，把她的位置临时性地往前换一换，女儿不敢。鼓励了许久，女儿才为难地接受了。

事后问起这件事，女儿说老师很爽快地满足了她的要求，唯一不足的是女儿因为胆怯，提要求的时候站得离老师有些远。叫人比较满意的是女儿鼓足勇气去做了，问题也得到顺利解决，这对女儿的自信心的树立肯定大有帮助。

拥有自卑心理的女生往往是自我认识不足，觉得自己的情商、记忆力、判断力、气质、性格及技能等方面不如别人。

女孩之所以变得越来越自卑，其中一个重要的原因是父母以完美主义的态度过高地要求孩子，孩子可能时时处处被包围在批评乃至埋怨的海洋中，长此下去，自卑感便会越来越严重。

▶▶ 面对女孩自卑怎么办

★ 查明原因，对症下药

一般说来，女孩的自卑感不是天生就有的，是大人们教育不得法造成的，如果老师和父母对女孩的能力估计不恰当，挫伤了女孩的自尊心和自信心，就容易使女孩产生自卑感。还有的父母"恨铁不成钢"，对女孩的行为横挑鼻子竖挑眼，并且唠叨起来没完，这种不公正的评价也会使女孩产生自卑感。还有的因学习成绩不好或身体不好，都会产生自卑感。假如你的女儿有自卑感，一定要首先分析清楚是哪种原因造成的。

★ 对女孩的要求要适宜，评价要合理

父母在帮助女孩克服自卑感时，要根据女孩的能力和水平，提出恰当的要求，给予合理的评价，比如，有的女孩考试门门都不及格，那么，第一步，父母可以要求女孩争取几门及格，如果女孩达到了要求，父母就应给予肯定和鼓励，然后再提出进一步的要求。在这个过程中，父母不要怕女孩有反复，不要操之过急，

要肯定女孩的努力精神，耐心分析女孩反复的原因，鼓励女孩赶上去。只有这样，才能使女孩看到自己的进步，看到自己经过努力取得的成绩，增强信心，克服自卑感。

⭐ 要帮助女孩开阔眼界

年龄相仿的女孩聚在一起，有的谈天说地，讲得绘声绘色；有的却一无所知，听得目瞪口呆。一个缺少知识的女孩和别人一比，很自然地感到自卑。所以，父母要有意识地丰富女孩的知识，扩大其眼界，提高女孩的各种能力。为此，父母可以指导女孩阅读，带女孩参观游览等，使女孩感到自己有知识，有能力，不比别人差，这样，女孩就会逐渐消除自卑感。

⭐ 要讲究方法，给予鼓励

父母帮助女孩克服自卑感，最重要的是，尊重和保护女孩的自尊心。比如，女孩没考好，只要有了认识，不是满不在乎，父母就应体谅女孩的心情，帮助女孩分析原因，制定措施，而不能感情用事，一味讽刺、挖苦、指责、埋怨。

⭐ 坚持不懈，不能操之过急

"冰冻三尺，非一日之寒"，女孩的自卑感不是一天形成的，克服它，也要有个过程，当父母的不能操之过急，要允许女孩有反

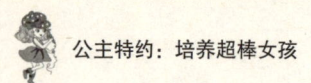
复，要有信心、有恒心、有耐心，坚持不懈地教育和帮助女孩，女孩的自卑感就一定能克服。

▶▶ 六个具体方法帮女孩摆脱自卑

★ 改变形象法

心理自卑的女孩，通常服饰保守，说话吞吞吐吐，走路畏缩。其实，昂首阔步的举止以及整洁大方的打扮能提高自信心。因此，父母对有自卑心理的女孩应特别注意教育他们改变形象：穿整洁大方的服装，讲话爽快，走路昂首阔步等。

★ 语言暗示法

语言是思想的表露。积极的语言能使人产生积极的情绪，改变消极的心态，因而父母可以有意识地用"你真聪明""你一定行"之类的积极语言为女孩打气，或是在此基础上，让女孩根据自己的实际情况拟定一句鼓舞斗志的话，每天上学之前都念上几遍，在语

细 ③ 别让女孩自暴自弃

别让女孩自暴自弃，就是要让她感到被爱，并勇于走出困境。

女孩自暴自弃的原因有许多，有的是对自己的外貌、身高、体重等生理条件没有信心，有的则是对自己的学习能力、运动水平和交友本领感到悲观，还有的女孩却是由于对自己要求过高或过于追求完美而陷入自卑的泥潭难以自拔。

菁菁今年读五年级，是个爱学习的女孩，从小成绩就很棒。家长、老师的夸奖，同学和同学家长的羡慕，她已经习以为常。在她小小的心里，也对自己要求非常高，觉得科科满分理所当然。

可有一次语文考试，她的阅读和作文各被扣掉1分，最后只得98分。当她拿到试卷后，脸蛋苍白，一下子把卷子塞进抽屉便趴在桌子上偷偷地哭起来，老师同学怎么劝解都没用。

从此，她开始在语文课上发呆，老师提问也不积极抢答，还时不时地默默掉眼泪。在接下来的考试中，她甚至连拿笔的勇气都没有，最终考得一塌糊涂。

后来，数学和英语的双百也受到了威胁。这种情况持续一段时间后，家长、老师都急了，不断地给她做思想工作。她最后说了一句：我都不知自己还能不能考满分了。

故事里的菁菁，就是这样一个因对自己要求过高、追求完美而导致自暴自弃的范例。

这种优越感受挫后，如果不能及时调整心态，就会在失望、自卑的泥潭里越陷越深，乃至无法自拔。

所以，家长不仅要培养女孩坚定的自信心，更要警惕女孩的自我期望受挫后的心理落差。而要让女孩正确地面对成败，家长就需要拥有一颗平常心。有时候，家长的过高要求也会导致女孩的自我放弃。下面，就有这样的一个故事：

一位母亲写得一手好字，她为了让女儿也写得一手好字，给女儿报了写字班。女儿开始积极性很高，可是学了一段时间，女儿不

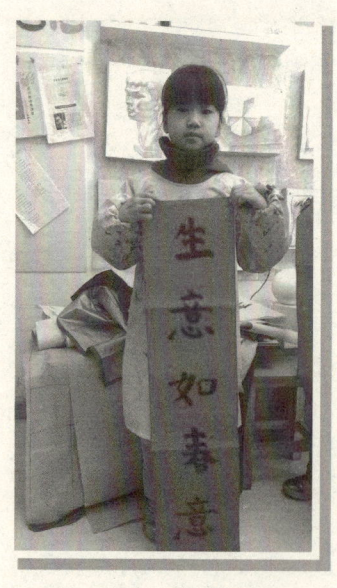

想再上写字班了，说自己写不好字。任凭妈妈怎么劝都没用。原来，这位妈妈在检查女孩写字作业时非常细心，一页中检查出一半的不合格。其实不过就是字写得这笔长了点，那笔短了点，没那么漂亮，可她就认为不规范，要求重写。本来15分钟就可以写完的，结果擦擦写写拖到1个多小时才完成。一段时间下来，女孩便没有了自信。就这样，女孩原本的自信心被擦没了。

在现实生活中，像故事里的母亲一样，很多父母完全不顾女孩自身禀赋、发展特点而盲目高要求，女孩达不到要求就"恨铁不成钢"，又是批评又是惩罚，还把所有错误都归结在女孩的"不努力"上，从而导致女孩信心全失。这样的弄巧成拙，值得众多父母深省。

　　总之，女孩一旦对自己的某方面的能力丧失自信，还可能会连带对自己其他方面的能力也丧失自信，最后造成多方面，甚至全面的落伍，严重的还可能拒绝上学、自暴自弃、厌恶集体活动等。所以，父母要在女孩成长的路上经常给予鼓励、表扬与喝彩。

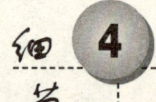
细节 4 让她暗示自己很棒

心理暗示是培养自信心的一种非常有效的
方法，父母要让女孩不断暗示自己"很棒"！

你期望什么，你就会得到什么，你得到的不是你想要的，而是你期待的。只要充满自信地期待，只要真的相信事情会顺利进行，事情就一定会顺利进行。相反地，如果你相信事情会不断地受

到阻力，这些阻力就会产生。成功的人都会充满自信，相信好的事情一定会发生。这就是心理学上所说的皮格马利翁效应！

皮格马利翁效应来自于美丽的古希腊神话故事：

塞浦路斯的国王皮格马利翁是一位有名的雕塑家。他精心地雕塑了一位美丽可爱的少女。他深深爱上了这位"少女"，并给

她取名叫盖拉蒂。他还给盖拉蒂穿上了美丽的长袍，并且拥抱她、亲吻她。他真诚地期望自己的爱能被"少女"接受。但她依然是一尊雕像。皮格马利翁感到很绝望，他不愿意再

受这种单相思的煎熬。于是，他就带着丰盛的祭品来到阿芙洛狄忒的神殿向女神求助，他祈求女神能赐给他一位如盖拉蒂一样优雅、美丽的妻子。他的真诚期望感动了阿芙洛狄忒女神，女神决定帮他。

皮格马利翁回到家后，径直走到雕像旁，凝视着她。这时，雕像发生了变化，她的脸颊慢慢地呈现血色，她的眼睛开始释放光芒，她的嘴唇缓缓张开，露出了甜蜜的微笑。盖拉蒂向皮格马利翁走来，她用充满爱意的眼光看着他，浑身散发出温柔的气息。皮格马利翁惊呆了，一句话也说不出来。最后，这个女孩成了皮格马利翁的妻子。

这个"皮格马利翁效应"给我们的启示是：赞美、信任和期待具有一种能量，它能改变人的行为，当一个人获得另一个人的信任、赞美时，她便感觉获得了社会支持，从而增强了自我价值，变得自信、自尊，获得一种积极向上的动力，并尽力达到对方的期待，以避免对方失望，从而维持这种社会支持的连续性。

美国心理学家罗森塔尔考察某校时，也充分证明了皮格马利翁效应。她随意从每班抽3名学生共18人写在一张表格上，交给校

长，极为认真地说："这18名学生经过科学测定全都是高智商型人才。"事过半年，罗森塔尔又来到该校，发现这18名学生的确超过一般同学，长进很大，再后来这18人全都在不同的岗位上干出了非凡的成绩。因此，皮格马利翁效应也译成"罗森塔尔效应"或"期待效应"。

事实上，积极的心理暗示，可使一个普通人变成一个不平凡的人。

他山之石

俄国著名戏剧家斯坦尼斯拉夫斯基，有一次在排演一出话剧的时候，女主角突然因故不能演出了，斯坦尼斯拉夫斯基实在找不到人，只好叫他的大姐担任这个角色。他的大姐以前只是一个服装道具管理员，现在突然出演主角，便产生了自卑胆怯的心理，演得极差，引起了斯坦尼斯拉夫斯基的烦躁和不满。

一次，他突然停下排练，说："这场戏是全剧的关键，如果女主角仍然演得这样差劲儿，整个戏就不能再往下排了！"这时全场寂然，他的大姐久久没有说话。突然，他大姐抬起头来说："排练！"一扫以前的自卑、羞怯和拘谨，演得非常自信，非常真实。斯坦尼斯拉夫斯基高兴地说："我们又拥有了一位新的表演艺术家。"

故事中的"大姐"本来只是道具管理员，没受过专业的表演培训，更无经验可言，最后却通过自我暗示法取得了成功，这就是"期待效应"的积极作用。

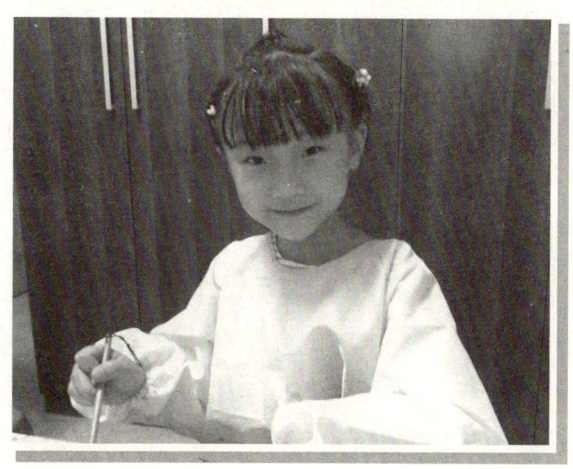

而在现实中，父母也应该多用心理暗示法来提高女孩的自信心。实际上，父母的期待加上女孩自身的期待，能形成巨大的力量，促使女孩不断进取，乃至最终基本达到期待值。

细节 5 女孩自信，不是自负

自信，是女孩对自己优点的正确认知，而不是自负。

自信，是一个人对自己长处的感知认可，并相信自己能通过努力实现某种愿望，这是健康和成功必备的心理特质。而自负则是太高估自己、狂妄自大，往往会吃苦头。下面就是一则因自负而吃亏的寓言：

骄傲的狮子

有一只狮子，它非常骄傲，这不，又在大树下自夸了。

"我是一只狮子，一只力大无穷的狮子，我怕谁？"狮子得意洋洋地说。这时一只蚂蚁听见了，非常不服气，说："你真的什么都不怕吗？那就和我过过招吧！""谁！谁在说话？哦，原来是你这只小蚂蚁啊！来吧！看我不一脚把你踩扁，哈哈哈！"狮子说。

话音刚落，狮子就举起它那大脚，想把蚂蚁踩个稀巴烂。它"砰"的一脚就踩下去了，可没踩中。这时，小蚂蚁正好爬上狮子的腿。接着，这个小家伙又爬到狮子后背上，张口大咬，弄得狮子又疼又痒，连连惨叫。

最后，狮子无可奈何，只好求饶："蚂蚁大哥，我求您了，快下来吧，我认输，行吗？"蚂蚁见狮子认输了，就爬下来，还说："以后不能骄傲了，知道吗？别以为你是最厉害的，你看，连我这么小都能制服你，所以，以后还是谦虚一点吧。"

从此，狮子再也不敢骄傲了。

这个故事告诉我们：自负狂妄之人，往往会栽大跟头。

下面，请再看看一位女孩关于自负导致不良后果的反思：

记得我读三年级的时候，成绩还不错，特别是数学，常常在90分以上。于是，我的骄傲心理就渐渐产生了。

上课时，我不再专心听讲，而是悄悄做小动作；老师布置的作业，我也只是潦潦草草地完成；课余时间，我只顾兴致勃勃地看着动画片，也不温习功课……终于，我尝到了苦果。

期中考试时，数学试卷一发下来，我一看简单得很，就三下五除二地做完了。做完后，我故意不检查，而是东张西望，看别人答题。第二天，结果出来了，我一看就傻眼了：才86分。86分对我来说可是史无前例的，我终于体会到骄傲的可怕了！

从那以后，我不敢再有骄傲的情绪。我上课认真听讲，不做小动作；作业写得很工整，经常得"优"；遇到不懂的问题，我

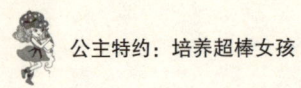

还积极地请教老师、同学等。

最后，功夫不负有心人。我在期末考试中取得了好成绩，并被评上"三好生"。

这个女孩从此事中得到了教训，从此不再骄傲自负，才有了后来的优秀成绩。

总之，自信非自负。自信能使女孩散发无穷魅力，自负则让女孩愚蠢无知、遭人笑话。父母要想培养超棒女孩，就要让女孩相信自己的同时保持谦虚，这样她既能给人温和亲切之感，又能保持一颗不断进取之心。

细节 6 鼓励，让她自信

每个女孩都希望被赞美，尤其是敏感的女孩。多而合理的鼓励，就能让女孩自信。

随着物质生活水平和社会文明程度的提高，体罚女孩的现象大大减少了。但还是经常会听到一些父母对"不争气"的女孩出言训斥与嘲讽，这就是所谓的"心罚"。殊不知，这会对女孩稚嫩的心灵带来多大的伤害。

一般来说，女孩心理比较脆弱，其自尊心像"一朵玫瑰花上颤动欲坠的露珠那样"，对待它，我们应"十分小心"。不管父母训斥与嘲讽的出发点多么善意，理由多么实在，但其教育效果必然适得其反。

作为父母，其对女孩的影响是一辈子的，父母教育的力量是无形的。其中，很重要的一点就是创造一个良好的教育氛围，如何做一名称职的父母是一门大学问。

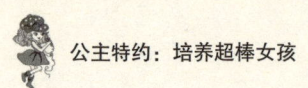
▶▶ 鼓励女孩的基本功

鼓励女孩在教育方法上是必须掌握的基本功，主要包括：

★ 善于赏识，学会激励

赏识与激励导致成功，抱怨与责备导致失败。不是好女孩需要赏识，而是赏识使她们变得越来越好；不是坏女孩需要抱怨，而是抱怨使她们变得越来越坏。教育家陶行知先生说过："教育女孩的全部秘密在于相信女孩和解放女孩。"

相信女孩就是要善于发现女孩的闪光点，对她们存在的某些缺点和不足不要操之过急，要抓住女孩的优点和点滴亮点，及时地给予鼓励和赞赏，使女孩树立起克服困难的信心。女孩需要赏识和激励，犹如禾苗需要阳光和雨露。

激励是能力的催化剂。激励能把女孩的一切潜能调动起来，从而达到充分释放能量的状态，这种状态如果不断保持，它将巩固成为女孩的自信，从而终身受益。

★ 经常给予女孩表扬和帮助

尽量表扬女孩。女孩要具有一定的自信心，才肯去学习。要使女孩每天都感觉到她在学习上取得了一定进步，哪怕是改正一个缺点。要表扬女孩在幼儿园里的好行为和好成绩。采取多种形式来奖赏女孩的积极态度和合作精神。对女孩要多表扬、多鼓励，使她处于健康快乐的环境中，使她保持一种积极向上的精神。能力再弱的女孩也有她的"闪光点"，要从发现她们的优点入手，及时给予肯定和鼓励，不断强化其积极向上的认同心理。

⭐ 适当降低标准使女孩有获得成功的机会

针对女孩的实际水平适当降低标准去要求她，往往会产生意想不到的效果。它会使女孩从不难获得的成功体验中获得自信，并争取更大的进步。不要把女孩的缺点挂在嘴上，要特别注意不要用"笨蛋"、"你真没治了"等语言。即使发现她们有某些缺点，也要用暗示的方法，以避免对她们产生心理压力。

⭐ 适当夸大女孩的进步

如果女孩确实有了进步，父母就应及时夸奖她们"进步挺大"，这样往往能调动女孩心理中的积极因素，促使女孩期望自己有更大的进步，往往能取得"事半功倍"的效果。无论你想教女孩什么，都应该先示范一下并且给予口头上的指引，让她们清楚地知道你所期望的目标。例如，当帮女孩收拾不玩的积木时，父母可以这样说："现在应该送积木宝宝回家了，把它们放到盒子里。我们一起来吧。"

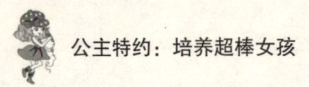
当事情做好了，你应该表扬孩子："孩子你真能干。"

▶▶ 鼓励女孩的艺术

鼓励女孩应该注意几个问题：

★ 善待女孩的兴趣

兴趣是最好的老师，也是培养女孩能力，开发女孩天分的最重要因素。女孩天生有好奇心和创造力，因此父母千万不要轻易指责女孩好动好问的行为，不要对女孩做出过多限制，轻易批评和否定女孩的探索，会破坏女孩的兴趣，摧残女孩的好奇心。

父母对女孩的"探索"行为不能只是"堵"，而应该采取"疏"的教育方法。呵护女孩的好奇心，解除女孩怕犯错误的恐惧心理，使女孩在一种轻松愉快的环境之中充分培养自己的兴趣爱好。

★ 正确对待女孩的提问

从女孩能够与人交流开始，她们就会对周围的事物产生不少的疑问，从而产生不断问问题的需要。正常的女孩一般都会有大量的问题提出来。

从这个意义上讲，每个女孩都理应是"问题多"的女孩。但为什么有些女孩似乎不爱问问题呢？这是因为她们在最初向父母问问题的时候，没有得到及时的鼓励，甚至因为向父母问的问题太多，"烦"了父母而遭到冷落和斥责，从此不愿意再问问题，也没有了问问题的冲动。回答女孩提出的问题，既不宜总是直接给出答案（机械学习除外，如"这是什么"之类的问题），也不宜用"不知道"就打发了。

如果总是直接给出答案，就难以激起女孩积极探索的热情；如果用"不知道"打发女孩，无异于为女孩树立一个不积极探索的"榜样"。要培养女孩在以后的学习、生活和工作中所具有的优良品质，有效的途径之一就是利用回答女孩问题的时机，鼓励引导女孩去探索问题的答案。

★ 批评女孩时要讲求艺术

在批评女孩的过程中，如何才能达到既改正女孩缺点，又不伤害女孩的自尊心，这就需要一定的技巧。

首先，应该保持冷静的态度，以理服人，切忌莫名其妙地训斥女孩，这样只能物极必反。父母的立场要始终如一，同样的事今天责备她了，到了明天却不去管教，这样的做法不值得提倡，要一如既往地教导女孩什么是"是"，什么是"非"，不应该有丝毫放松。

其次，要有分寸，方法得当。对批评语言的运用需要有艺术性和技巧性，用不好，会挫伤女孩的自尊心和积极性，因此必须讲究技巧性。

第二章

自立，依赖的诀别诗

引语：

很多家长只注重女孩学习成绩或者各种特长培养，而往往忽略了最基本的生活自理能力，让女孩输在了生活的起跑线上。其实，只有从小培养女孩的独立能力，使她具有自强不息的精神，她才能成为真正的优秀者。

细节 **7** 天行健，女子以自强不息

> "天行健，女子以自强不息。"意思就是，培养女孩自立自强的能力。

"天行健，君子以自强不息；地势坤，君子以厚德载物。"出自《周易》。意思是天（即自然）的运动刚强劲健，君子处世应像天一样，自我力求进步，刚毅坚卓，发愤图强，永不停息；大地的气势厚实和顺，君子应增厚美德，容载万物。在封建社会里，男权至上，男儿自立自强天经地义，女儿则"无才便是德"，只需养德。因此，有人认为前句的"君子"是指男子，后句的"君子"指女子。

当今社会，男女地位平等，女子在各方面的能力都不见得输于男子，这便是女子自立自强的结果。因此，培养女孩的自立能力，是培养她作为"人"的最基本能力，这也是要求父母摒除封建观念，帮女儿实践作为一个"人"的能力。从而，不妨换句话说：天行健，女子以自强不息。

他山之石

　　武晓妹，90后，合肥工业大学毕业生，荣获2013年度"中国大学生自强之星"。

　　武晓妹来自安徽省的一个偏远地区，考上大学时母亲身患癌症，父亲在外打工，无钱缴纳学费，向别人借了近万元，并写下欠条。为了还清欠款和支付接下来的学费，当时未满18岁的她便开始了"打工帝"的生活。

　　四年大学期间，武晓妹走遍合肥大小街区，兼过17份职，如做家教、发传单、搞促销、做网管与理货员等，终于走出生活困境。而最最可贵的是，这位"打工帝"，竟还是不折不扣的"学霸"！

　　作为村里的第一位女大学生，武晓妹非常清楚学习的重要性。因此，她总是提前安排好学习计划，再去做兼职，这样一来，她学习兼职两不误，从而成为非常优秀的大学生。

　　四年来，这个"打工帝"还收获了校级奖学金、国家励志奖学金、校优秀毕业生、保送研究生等荣誉，且发表了许多优秀文章，乃至获评2013年度的"中国大学生自强之星"。

　　这个故事告诉我们，女儿自强自立是不可或缺的能力。试想，武晓妹如果不做"打工帝"，她的学业能圆满完成吗？知道了生活的艰辛，她又坚持做"学霸"，这又是一种独立。这样难得的女孩，与其说是生活逼迫，不如说是从小养成了独立意识。

　　都说"穷女孩早当家"，此话一点不假。培养超棒女孩，也要从让其自立开始。

细 8 她若独立，就有自信

节

> 女孩子如果能够独立，她就自然不会太过娇气，而是坚强勇敢，有自信。

独立和自主能力是孩子最高级的心理品质，应该从小开始培养。一个独立性差的女孩子，在学校里时常有挫折感，无形中产生"我"不如人的想法，严重影响她的自信心。

父母如何培养女孩子的独立性呢？

▶▶ 爱得适度，敢于放手

凡是女孩自己能做的让他自己做，不要代替她，这是一个原

则。父母应该认识到，小孩子无论做什么事情都有一个规律，即从不会到会，从做不好到做得好，因此，不要求全责备，也不要看到她做不好就去代替她，这样等于剥夺了孩子锻炼

的机会。孩子在自己做事的过程中获得鼓励后，就会感到自己能行，就有了自信。这种感觉非常重要，它是培养孩子独立性的一种动力。

▶▶ 尊重孩子的自主选择

父母总是不能意识到孩子已经具备自主选择的能力，总是认为自己的做法比孩子高明、保险，从而把自己的意识强加给孩子，不去考虑孩子在独立做出决定和处理事情时的那一种宝  贵的信心和热情。因此，父母应该多说这样的一些话："这由你决定""这是你的责任""不管你怎么想，这由你选择"。而一旦孩子做出决定，你就必须使她意识到她要对所做选择的后果负责。

▶▶ 引导女孩合理安排生活

由于年龄、经验所限，女孩在自主安排生活时需要父母的帮助和引导。比如，在女孩对衣服的质量、式样或钱的价值有了足够的认识之前，不要让她一个人去买衣服；在她对学校的基本课程和职业的要求缺乏深刻认识之前，也不要完全随她意愿选择要上的学校。在这些事情上可征求她的意见，允许她有发言权，但又不能完全听她的。一种有效的方法是对她们的选择加以适当的限制。例如，带女孩出去买东西，你可以把选择好的两件东西给她看，然后要求她根据质量和价格做出最后的抉择。

细节 9 激发女孩独立做事的兴趣

兴趣是最好的老师，激发女孩独立做事的兴趣，她自然不懒惰。

"懒惰"，是人的天性。如果父母没有要求女孩做事，她们自然也会得过且过，不会懂得体恤大人的辛苦和动手做事的意义。所以，父母要适当地激发女孩独立做事的兴趣。

芸芸今年12岁，开始爱漂亮，经常换衣服，但自己不会洗，明显增加妈妈的家务负担。于是，妈妈让芸芸自己洗自己的衣服。

一开始，芸芸不肯配合，仍是换下衣服直接塞洗衣机让妈妈洗。直到有一天，妈妈发了火，芸芸才不得不自己洗衣服。

而在洗衣服时，芸芸喜欢上了漂亮的洗衣粉泡泡，还体会到了把心爱衣服洗干净的成就感。从那以后，芸芸学会了洗衣服，还从做其他家务中体会到了乐趣。

这个故事告诉我们，女孩的惰性都是父母给惯的。有时，父母用硬性态度让女孩独立做事，这样，女孩的动手能力越来越强，且能乐在其中。而当女孩具备独立做事的能力之后，父母也应该适时地给予表扬和鼓励，让女孩在赏识中获得良好的情感体验，这样也会增加独立做事的兴趣。

要培养女孩自立的能力，父母还要教给女孩一些独立生活的技能，这样女孩才能更好地学会独立生活，也会自觉减少对父母的依赖。因为，没有方法就好似"巧妇难为无米之炊"，女孩不知如何下手做事。

幼儿期的女孩处于行为的敏感期，并逐渐表现出独立意识，父母应该充分利用这个时期，培养女孩的自理能力。父母可以让女孩学习穿衣服，学会整理衣服；不要给女孩喂饭，让女孩学会自己轻松地吃饭；让女孩做些力所能及的家务，比如扫地、倒垃圾等。

而在做这些事情时，父母要一步一步教给女孩，直到她们学会。女孩比较乖巧听话，往往很快就能学会做这些小事，这就需要父母多给予肯定、赞扬，不断增强她们独立处理事情的信心，乃至形成独立自主的好习惯。

细节 10 她自立，你放心

> 自立的女孩果敢坚定，能照顾自己和别人，这点会让父母放心。

当今社会，如果你的女儿看起来不是娇娇弱弱而是独立果敢的，那么你没有在她身边的时候，你也大可放心。

比如，她和同学一起去玩了，你不会担心她磕着碰着或是被欺负了，她甚至恰恰是那个镇定自若、会照顾人的可爱孩子。

当然，这是与你经常地有意识培养孩子独立处理事情的教育分不开的。

比如，在家时，告诉她哪些事该怎么做，而不帮她做；周末带她去书店或超市时，多让她去挑选所要买的商品，让她去付钱；

假期游玩时，多鼓励她制订活动计划，让她准备旅行所需携带物品。如果条件允许，也可以让女孩参加一次夏令营。

下面，是2008年《郑州晚报》举办的第一期"吃苦夏令营"的活动反馈：

2008年第一期"吃苦夏令营"结束后，不断有家长打来电话，感谢夏令营给女孩们带来的收获和改变。不少家长都说女孩懂事了，知道心疼大人了。

玲玲的妈妈不停地表扬女孩长大了。"虽然还是有点贪玩，但是一回家自己就把脏衣服洗了，还把妹妹的衣服也包了。"妈妈惊喜地说，女儿以前一次衣服都没洗过。

嘉嘉从夏令营回来后，紧接着开始进入补习班学习，以前都要妈妈接送的她，回来后办了公交卡，再也不让妈妈费心了。"嘉嘉变得可懂事了，我要是哪儿不舒服，她马上关心地问这问那，要是以前，还嫌我事多呢。"嘉嘉的妈妈说，女儿越来越贴心了，希望以后多参加这样的活动，为女孩今后的成长之路打好基础。

这些明显的变化告诉我们家长，女孩只有在某种特定的条件下，才学会长大的。所以，家长们如果想让女儿成为懂事乖巧的女孩，不妨多创造一些条件，让她们在锻炼中自立自强。

细节 **11** 别让她轻易妥协

女孩不要轻易妥协，要学会维护自己的正
当利益。

更在乎别人的女孩常常会放弃自己的正当利益，正因如此，女
孩才更容易受到伤害。因此，在女孩小的时候，父母就应向她们灌
输一种这样的思想：能够体谅他人是你的美德，但你一定要学会爱
自己。

8岁的小贝很在乎别人对她的评价。

在一次考试时，坐在她前面的同学向她借橡皮，小贝只有一块
橡皮，但她也毫不犹豫地借给了同学。

但同学用完橡皮后竟忘了还给她，由于她胆子很小，考试时不
敢说话，所以她没敢向同学要回来。结果这次考试她答得乱七八
糟，考得很不好。

当妈妈问她考得不好的原因时，她竟委屈地说："都怪我当时
没有橡皮。"

妈妈奇怪地问："你不是有橡皮吗？"

这时，小贝才把考试时同学跟她借橡皮的事情告诉妈妈。

妈妈听后，认真地跟她说："能够热心地帮助别人，说明你是个善良的女孩。但你有没有想到，把橡皮借给同学之后，你再用橡皮怎么办，这会不会影响你的考试成绩？"

"但如果我不借，同学会说我小气的。"

"妈妈并不是让你不借给别人东西，只是想告诉你，别人的评价重要，但自己的正当利益更重要。"

听了妈妈的这些话，小贝似懂非懂地点了点头。

父母们不要小看这小小的借橡皮事件，如果女儿一直都不懂得维护自己的正当利益，长大之后，她就会在一味满足别人的需求中失去"自我"。

现在一些失去"自我"的家庭主妇不就这样吗？为了孩子、老公而放弃了自己的工作、忘记了充实自己，结果却落得个老公弃她而去，甚至连孩子也嫌弃她。

因此，不想女儿失去"自我"的家长，在女儿小的时候就要告诉她：要维护自己的正当利益，要学会爱自己。

细节 12 教女儿独立思考

独立思考也是一种心灵的成长，父母要教女孩做到这点。

爱因斯坦说过："学会独立思考和独立判断比获得知识更重要。不下决心培养思考习惯的人，将失去生活的最大乐趣。"

与众不同、超凡脱俗的真正意义在于能够展示并表达独具特色的思想，成功者大多数具有个性的思想，有独立思考与判断的能力。所以，家长们应从小培养女孩独立思考的能力。

父母应如何培养女孩的独立思考能力呢？

▶ 营造一个思考的氛围

在家庭中营造思考的氛围，对女孩形成独特的个性，表现有创新意识的思维、举动非常重要。父母不能因为女孩小或以为女孩不懂事、需要大人照顾等而把她看成是大人的附属品。要知道女孩也是一个完整的、独

立的个体，应该允许她们有自己的世界、自己的空间。

让女孩学会思考

父母在与女孩相处与交谈过程中，要经常以商量的口吻进行讨论式的协商，留给女孩自己思考的余地，要给女孩提出自己想法的机会。父母可根据交谈内容经常发问，如："这事情能不能做？""你觉得怎么做会更好些？""你的想法有根据吗？"等问题，用以引发女孩的思考。

倾听女孩叙述自己的想法

女孩的想法常常是天真、幼稚甚至可笑的。尽管如此，父母仍要抓住她们谈话中有趣的、有道理的论点，鼓励她们深入地"阐述"，使她们尝到思考的乐趣，以增强自我探索的信心。

培养女孩创造性思考的方法

日常生活中，鼓励女孩凡事常问几个为什么，培养女孩打破砂锅问到底的习惯。同时，父母应不厌其烦地给予正确的回答，并对女孩的提问表现出兴趣，与女孩一起思考，去寻求未知的答案。这样，女孩思考、提问的欲望就会不断增强。

总之，父母不要把女孩的一切事物都安排得十分妥帖周到，从不让女孩自己去考虑。相反，要给女孩营造一个思考的空间，放开手，让女孩大胆地去想，并认真倾听女孩的想法。即使有时需要父母的思想代替女孩的思想时，也应与女孩一同把两种思想作一比较，让女孩不但知其然，还要知其所以然。这样，才有助于培养女孩独立思考的能力。

细节 **13** 从小培养女孩动手能力

女孩的心灵手巧来自于动手能力，这需要从小培养。

动手能力培养的关键时期是儿童期，儿童时期养成的习惯将会伴随女孩的一生。作为家长，家庭教育中最需要注意的就是：

（1）要教会女孩做力所能及的事情，并且要舍得让女孩做力所能及的事情。

（2）要锻炼女孩自己的事情自己做，可以从女孩生活中的事情做起，比如自己穿脱衣服，自己整理玩具，自己收拾文具等。

在女孩开始学习动手做事情初期，往往没有头绪，费时过长，效果也不好，这就需要家长有足够的耐心，鼓励女孩慢慢实践，等待女孩慢慢做好，而不是要抹杀女孩学习的过程。

现在的女孩多数是独生子女，女孩在家里受到"众星捧月"式的待遇，溺爱女孩便成了社会的普遍现象。父母竭尽全力地满足女孩各方面的需求，代替女孩完成一切力所能及的事情，如做作业、做家务等，一些父母觉得这样可以保证女孩健康地成长。但是事实并非如此。

　　我们家豆豆从小一直都在我身边，有时我戏言自己是豆豆的24小时"保姆"。现在的女孩很懂事，跟她说什么她都能听懂，而且豆豆特别喜欢看我做家务，并且观察得很仔细，我认为培养豆豆的自立能力刻不容缓。

　　因此，我就有意识地锻炼豆豆的动手能力，比如在她1周岁左右时，她就帮我剥鹌鹑蛋。等孩子5岁时我在厨房忙碌，她就手拿毛巾帮我擦灶台，看她的神态就像是完成了一项非常非常大的、有意义的大工程，用很自信的眼神告诉奶奶：她做得很好。

　　这个故事告诉我们，女孩"人小鬼大"，你说的做的看在她眼记在她心，如果你稍加引导，她就能在好奇心的促使下充分地发挥模仿能力，逐渐形成爱动手做事的好习惯。

　　爱动手做事的女孩，长大后自然会积极主动学习，如果目标明确，学习肯定会比从小不爱动手的女孩好得多。因为，在动手做事的过程中，她们学到了很多处理问题的方法。而处理问题本身就是一个好习惯。有了这样的好习惯，女孩在学习中遇到问题，肯定会积极主动地去求解，这样在不断发现问题和解决问题中积累了丰富的知识。

所以，家长们不要以为女孩就要养成"小公主"，而不需要动手做事。实际上，心灵手也巧，才是超棒女孩的特质。

第三章

仁爱，雪中送炭暖寒冬

引语：

仁爱，如雪中炭，可以温暖人。从古至今，爱心都被认为是一个人的基本道德和社会的灵魂。孔子说仁者爱人，孟子讲王道，都是以爱为核心的。爱心的产生，是基于个体的社会情感的需要，它不是人与生俱来的品质，而是在后天的环境和教育的熏陶下逐渐形成的习惯性心理倾向，必须在童年时细心培养。

14 以爱之名，暖人一生

细节

> 爱如寒冬暖阳，心中有爱，便能一生暖己暖人。

人的第一品格是仁爱，有爱的人，到哪里都能够获得大家的信任、支持和帮助。仁爱是人类最光辉灿烂的人性，最崇高最伟大的品德，教女儿做人，首先要赋予她一颗仁爱之心。

"我们无法在人间做大事，我们只能用大爱来做小事。"这是特蕾莎修女一生践行的准则。

 名人事迹

特蕾莎修女的博爱

1979年，特蕾莎修女获得诺贝尔和平奖。她身穿一件只值1美元的印度纱丽走上了领奖台。不论是和总统会面还是服侍穷人，她都穿着这件衣服。台下坐着珠光宝气、身份显赫的贵人，她视而不见，眼中只有穷人。她一走上台，台下立刻鸦雀无声。

"这个荣誉，我个人不配，我是代表世界上所有的穷人、病人和孤独的人来领奖的，因为我相信，你们愿意借着颁奖给我，而承认穷人也有尊严。"特蕾莎修女这样说。以穷人的名义领奖，是因为她一生都以穷人的名义活着。

她创建的"仁爱传教修女会"有4亿多美元的资产，全世界最有钱的公司都争相向她捐款。但是，她一生却坚守贫困，她住的地方只有两样电器：电灯和电话。她的全部财产是一尊耶稣像、三套衣服、一双凉鞋。她努力使自己成为穷人，为了服务最穷的人。她的修士、修女们也都要把自己变成穷人，只有如此，被她们服务的穷人才会感到有尊严。在她看来，给予爱和尊严比给予食物和衣服更为重要。

她在全世界的127个国家有600多个分支机构，她用最快的速度、最高的效率在全世界发展慈善机构。仅在1960年一年的时间，她就在印度建起了26所收容中心和儿童之家。

但是，她的总部只有两个修女和一台老式打字机。她的办公室里只有一张桌子，一把椅子，她接待全世界的来访者总是在她的工作岗位上：贫民窟、弃婴院、临终医院、麻风病院、收容院、艾滋病收容所……在她那里服务的有银行家、大企业家、政治家、大学生、演员、模特、富家小姐、美国加州州长……

台湾大学校长李家同也千里迢迢去那里，做了他一辈子没有做过的事情：洗碗，给病人穿衣服、喂水喂饭，洗衣服，送药，搬运尸体……后来，他写道："现在我才知道，我一直在躲避着人类的真正穷困和不幸，其实我从来没有真正爱过。"

特蕾莎修女的无私奉献与博爱精神是我们的楷模，这样的爱，不仅暖人一生，甚至使整个世界都变得温情款款并世代传承。她自己，也因"爱"而铭刻于历史长河。

　　总之，爱心是人的第一要素。培养超棒女孩，家长就要让她成为心中有爱，又能播撒爱的人。

细节 15 爱心要榜样示范

要想培养女孩的爱人之心，父母必是善良的存在，这也是榜样的示范。

生活中，有许多父母都抱怨自己对女孩疼爱有加，而她却自私自利，不懂得关心父母、关爱他人。"人之初，性本善"，其实并不是女孩生来就缺少爱心，而是由于父母对女孩的溺爱或教育方式不当，在不经意间剥夺了女孩的爱心。

其实，爱心要从小抓起。父母要经常爱抚女孩，对女孩微笑，让女孩感受到父母对她的爱，这是女孩萌生爱心的起点。随着女孩一天天长大，父母要把自己看作是女孩的伙伴，陪女孩游戏、聊天、学习，让女孩感受到家庭的温暖，感受到被爱的幸福，为女孩奉献爱心打下基础。

父母是女孩的镜子，女孩是父母的影子。只有富有爱心的父母，才能培养出富有爱心的女孩。因此，父母平时就要注意自己的言行举止，做到孝敬老人、关心女孩、关爱他人、乐于助人等，好让女孩模仿而做。

父母同情别人的困难、痛苦的言行会深深打动孩子的心灵，感

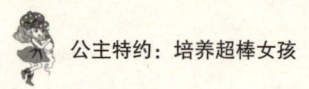
染和唤起女孩对别人的关心。

比如，在公共汽车上，家长对女孩说："你看，那个阿姨抱着小弟弟多累呀，我们让他们坐到这里来吧。"邻居老人生病，家长带着女孩去探望问候，帮老人做事。新闻报道有人缺钱做手术，生命垂危，家长带女孩去捐款，献上一份爱心……

关爱是一种后天强化的行为，只有父母提供了榜样，女孩才会去模仿，进而转化为自发的行为。因此，父母不仅要在家庭中营造爱的氛围，感染女孩的心灵，更要以身作则，为女孩树立良好的学习榜样。

细节 16 让移情训练造就善解人意

富有同情心的女孩是有魅力的女孩。要想自己的女儿富有同情心并乐于助人，父母首先应从移情入手，让女儿学会移情，这是女儿学会关心，具有爱心和同情心的基础。

玲玲今年4岁了，是幼儿园中班的孩子，活泼可爱，脑子特别灵活，长得也非常讨人喜欢，亲戚朋友见了都会称赞她几句。

但这几天，妈妈却对玲玲的一些行为感到不解，心想：玲玲到底怎么啦？

镜头一：前两天妈妈感冒生病了，但玲玲还是缠着妈妈，非要妈妈陪她玩。妈妈很累，对玲玲说："妈妈生病了，玲玲听话，乖一点，等妈妈病好了再陪你玩吧。"玲玲还是不依不饶："不行，不行，我要和你一起玩，我不高兴。"

镜头二：妈妈带玲玲去浦东世纪公园放风筝，正好遇到了公司里同事和他2岁的女儿也在玩，妈妈有点事儿要和同事说，就让玲玲陪小妹妹一起玩，她们玩得很开心，后来小妹妹一不小心，滑倒在泥坑里大声地哭了起来，玲玲却在旁边一副若无其事的样子。妈妈很生气，质问玲玲："你怎么没有照顾好小妹妹？看到她摔倒了也不把她扶起来，帮她掸掸土。"玲玲回答："又不是我弄倒她的，是她自己摔倒的，又弄得这么脏，我才不管呢!"

玲玲到底哪儿出问题了？心理学知识告诉我们，玲玲的问题在于缺乏对他人情感的理解与共鸣，也就是心理学所说的缺乏"移情"能力。

所谓移情能力，简单说就是能够理解他人的情感，感知他人的痛苦。这种能力，有些人强一些，表现在行为上就是善解人意，体贴同情他人等等。而有些人弱一些，表现在行为上就是比较冷漠，缺乏同情心，不懂得从他人角度考虑问题等等。

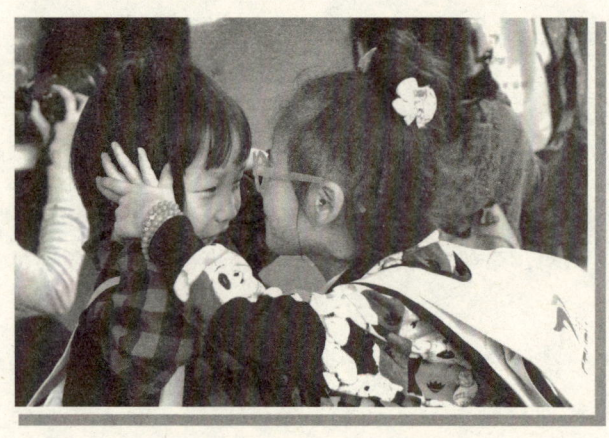

美国心理学家普拉捷克说，移情能力强的人，看到别人踩到尖锐东西，他会不由自主地喊"哎哟"，好像他自己踩到一样。

有位英国学者做过一个实验，发现与学工程专业的学生相比，学心理学的学生在移情测试中得到的分数更高。

可见，移情能力不仅跟先天有关，后天的培养与教育也有很大关系。

有些攻击力强，喜欢欺负别人的孩子，往往有着比较弱的移情能力。父母看到自己的孩子霸气十足，可千万不要以为这是什么好事情。而要及时发现问题，看看孩子是不是缺乏移情能力。如果缺乏，就要及时培养。

　　心理学家齐尔曼（Zillmann）认为："解决攻击性冲突的一个方法，就是让攻击者明白对方的痛苦。"

　　有位家长，看到自己的女儿打了别人家的小孩子，他并没有沾沾自喜女儿的霸气，而是用同样的方式揍了自己的女儿，然后问女儿："你的感觉怎样？是不是很疼？记住，这就是你打的那个孩子的感受。"

　　当然，这个做法不可取，效果如何也不好说。但这个父母的态度无疑是正确的。研究表明，如果父母经常表现出对于别的孩子痛苦的同情，那么，他的孩子的移情能力就会更强一些。有一个成年人这样描述自己的移情能力的培养。

　　我从小身强力壮，每次欺负了小朋友，我的妈妈从来都是先打我几下，然后再去哄那个孩子。我妈不懂教育学，她这么做是出于善良的本能。但她的这种善良感染了我，让我以后再欺负别人的时候就会觉得愧疚。

　　关于这个问题，心理学家费什巴赫（Feshbach）提供了一些专业的建议，我们不妨参考一下：

　　首先，让孩子识别人的表情。看看哪些表情是痛苦的。

　　其次，给孩子讲他人的感受。比如有人欺负了另外一个孩子，让孩子说出那个挨欺负的孩子他的感受是什么。孩子说完后，家长可以进一步渲染，告诉孩子被欺负的孩子有什么样的感受，有多么的痛苦，唤起孩子同样的痛苦感受，让孩子自己领悟出"欺负别人不对"的观念，产生内疚感。

第三，做角色扮演的游戏。让那个打别人的孩子扮演被打者，让其亲自尝尝被打时的那种恐惧、痛苦，感受到厌恶和愤怒。实际上，上面那个家长打孩子的做法就有点类似这种"游戏"，如果孩子尝到了挨打时的痛苦滋味，在打别人时就会心有余悸。

上面这种"移情训练"的方法可以举一反三，用到其他场合。比如，有的孩子借了人家的东西不及时归还，可以先给孩子讲对方的心理感受，然后让孩子角色扮演那个被借东西的人，进一步体会对方有什么样的心理感受。

培养移情能力的另外一个作用就是消除歧视，培养孩子对他人的尊重。有一个母亲这样讲述小时候的事：

我读小学时，班里有个女同学，她患小儿麻痹症，我一点不懂事，觉得她走路很好玩，经常跟在后面学她走路。妈妈知道这事，非常的难过，日后时不时地在我面前提起这件事，言语中流露出很大的愧疚。每到这个时候，我都感到无地自容。

《爱的教育》里有个细节，父亲为了培养孩子的同情心，每次遇到乞丐都会给予施舍。这么做，实际上也是在进行"移情训练"。

西方教育非常重视培养孩子理解他人、尊重他人的意识。

有这么一个感人的故事：澳大利亚有个男孩，在经过化疗之后去上学，发现全班同学都理了光头。同学们这么做，就是怕这个男孩有遭到歧视的感觉。

　　如果父母具有"移情训练"的意识，生活中到处都是训练的机会。看到有小朋友摔倒了，就可以让女儿把他扶起来。看到有人生病了，可以给女儿讲述生病的痛苦。然后让女儿想一想，如果你生病了，你想要别人怎样对待你？看到富人，多讲讲富人的奋斗故事。看到穷人，多讲讲穷人的艰苦经历。这样，很自然地让女儿把奋斗与摆脱痛苦联系起来。这种建立在"移情"基础上的立志教育，比那种空洞的要努力、要奋斗的说教强得多。

细节 17 爱，给她机会付诸行动

女孩不是没爱心，而是需要表达爱意的机会。

　　许多父母只知道一味地疼爱女孩，却忽略了给女孩提供奉献爱心的机会。其实，施爱与接受爱是相互的。如果让女孩只是接受爱，渐渐的，她就丧失了施爱的能力，只知道索取，不知道给予，并且觉得父母的关心是理所当然的。

　　有的父母以为给女孩多点关心和疼爱，等她长大了，她就会孝敬父母，疼爱父母。其实这是一种误解，你没有给女孩学习关爱的机会，她们怎么会关爱父母呢？还有的父母认为女孩的任务就是学习，其他的都不重要，只有学习好了，将来才会有一个好的前程，于是什么事都为女孩着想，女孩衣来伸手，饭来张口。

　　有一位妈妈这样抱怨自己的女儿不知道体谅她的辛苦。女儿今年13岁了，从她小时候起，每天妈妈都很辛苦地为她做事。从日常生活的饮食起居，到学习辅导、兴趣培养，都由妈妈一手打理。可是，女儿很冷漠，对妈妈所做的一切毫不领情，妈妈有时抱怨她不

知体谅我的辛苦，她反而不耐烦地说："是你自己愿意做事，又不是我让你做的。"妈妈既生气又寒心，女儿怎么不知道感恩呢？

在现实生活中，有许多父母像故事中的妈妈一样困惑：为什么我为女孩做了那么多，女儿却没有心存感激呢？究竟父母应该怎样做，才能让女孩学会感恩呢？

英国教育家夏洛特·梅森说："在每个孩子心中都有一口爱的源泉，它唯一的事情就是流淌，而在父母这方则要保持体贴、友好、感恩、孝顺、奉献这些渠道不封闭、不阻塞，而且永远向前流动。"让女孩感觉到她们每一次爱的流露所创造的喜悦，就是培养女孩爱心和感恩之心的诀窍。

所以，父母一方面要引导女孩表达爱，另一方面要对女孩的爱给予积极的回应，使女孩感到她们的爱是父母生活中的一种力量。

比如，女孩的爸爸过生日，妈妈可以与女孩一起为爸爸精心准备礼物，做一顿丰盛的美餐，女孩可以从中学习如何表达爱。爸爸感动于母女两人的爱心，流露出激动与喜悦，会使女孩得到鼓励和信心。

其实，为人付出是一种幸福，父母要多给女儿提供奉献爱心的机会。

有位母亲是这样给孩子提供表达爱心的机会的：

不管我是生病了还是我拿的东西太多了，我都会明确告诉晶晶，今天我人不舒服或我忙不过来啦，哪些事情需要你帮助，她都能一一帮我办好。前两天奶奶不小心摔了一跤，手有点受伤了，我和她爸交代晶晶中午放学回来要帮奶奶多分担点家务，听奶奶说晶晶又是帮忙擦药，又是抢着做家务，很是懂事，奶奶很是欣慰。

细节 18 会爱，就不自私

有爱心的女孩，就不会自利自私。

一位儿童教育家说："只知索取，不知付出；只知爱己，不知爱人，是当前独生子女的通病。"可见，教子做人，首先要赋予她一颗仁爱之心。

"自私自利"、"自我中心"是爱心的大敌，但它不是女孩与生俱来的天性。这缘于父母的无原则的宠爱和溺爱。为了不让女孩的爱心枯竭、泯灭，为人父母者不仅要爱女孩，更重要的是让女孩学会爱。

有这样一个案例：

一位事业有成的老板和妻子把所有的爱都给了独生女儿，但女儿却很自私：好饭菜要独吃、先吃；衣服鞋帽要父母帮忙穿、脱；只知道伸手向父母要这要那，对父母却从不关心，就连父母生病了也不闻不问。

这个故事告诉我们，假如只管耕耘不问收获，那么这种父母之

爱，就很容易变成一种对女孩的娇惯、溺爱。溺爱是父母与女孩关系上最可悲的事，用这种爱培养出来的儿童不肯把爱心献一点儿给别人。

儿童最初的同情心和怜悯心是成人同情心和怜悯心的反映，孩子的自私自利，其实也是家长自私自利的反映。

某个周日，我送女儿去学画画，在电梯里见识了一位妈妈对女儿的教育，让我眼界大开。妈妈问女儿："等会儿上课要选哪个位子坐？"女儿"训练有素"地回答："老师前面又不会正对老师的位子。"（他们的座位是类似U形排列，老师站在中间上课，孩子们坐哪个座位是随机的）。听了女儿的回答，妈妈很满意，接着追问女儿："为什么不能坐在老师的正对面？""会被老师的唾星喷到。""那两侧的位子为什么也不要选？""看久了眼睛会斜视。"这时，刚好电梯到了，走出电梯的时候，这位妈妈似乎很得意地回头瞥了我们一眼，或许是我比较敏感，我竟从这一瞥中读到了这样的信息：瞧，我家女儿有多聪明！

这位妈妈的教育，无非就是教孩子如何在有限的公共资源中抢占最有利的那一份。虽然有些人天生就能够享有最优越的资源和最有利的条件，但能被这彩蛋砸中的毕竟是极少数人，而大多数人就只能从有限的资源分得"一杯羹"。当然，在一般情况下会有相应规则加以约束。但问题就在于，你不可能永远都抢得最好的那一份。而这样教育的结果就是孩子会成为自私自利的人，永远只考虑自己的得失。他们不能吃半点亏，长大后不会去主动帮助需要帮助的人，如果他们得不到他们想得到的，通常会做出过激的行为。

　　绝大部分的父母都非常非常爱自己的孩子，但如果爱使我们"一叶障目"，那这种爱就是狭隘、盲目的，与我们的初衷南辕北辙。如果说爱都是自私的，那父母应该做的就是把自己的孩子教育成不自私，因为这才是真正的爱和教育。

细 **19** 节 母亲的陪伴，父亲的关怀

母亲的陪伴和父亲的关怀，是女孩爱心培养的基础。

说母亲是女儿的榜样，是因为母亲"主内"，陪伴女儿的时间多，让女儿时时感到母亲的爱意和温暖。而父亲平时忙于事业，一般陪伴女儿的时间比母亲少得多。所以，父亲只有利用工作之外的时间多关心女儿，才能让女儿感受到父爱。

很多时候，父爱如沉默的大山，往往给女儿冷漠无情之感，而聪明的父亲就能通过行为细节告诉女孩：无论在哪里，我都在你身边。

2013年湖南卫视热播的《爸爸去哪儿》中田亮与女儿Cindy，王岳伦与王诗龄之间的故事就很好地展现了父亲与女儿之间的磨合和感人的爱。

由此可见，培养女儿的爱

心，母亲的陪伴与父亲的关怀都不可或缺。

母亲形象

⭐ 热爱生活和乐观向上

一个对生活没有怨言的母亲，她的积极乐观就会感染女孩，使女孩也成为快乐的人。

⭐ 为人处世知书达礼

母亲的明智在于为人处世。一个为人温和、待人亲切的母亲，培养出的女孩必然不是心狠之人。

⭐ 接人待物磊落大方

磊落大方，就是不欺人。一个不欺人又不自欺的母亲，她的女孩自然也会宽容慷慨，乐于助人。

父亲榜样

⭐ 父爱让女儿更自信阳光

女儿常会以父亲为榜样，父亲教会她做的事情，比人们想象的要多得多。作为一个角色的榜样，许多做父亲的给女儿传授生活上重要的经验与教训。父亲努力工作，积极进取，即使事业无成，对女儿也有榜样的作用，她会向父亲学习努力上进，寻求成功。

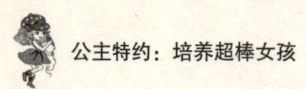

⭐ 父爱使女儿人格更加健全

父亲不得意，咬着牙去找新的工作，将教会女儿有勇气与毅力。平时，父亲每天上班、下班时拖着疲惫的身体回家，女儿看在眼里，会明白一个人对家庭所应负的责任，她将来也会养家的。他向她展示在寻常的生活中的行为准则，比如公平对待家庭所有成员的方法，将来女儿长大了也会公平处事。

⭐ 父亲是女儿择偶的标准

当然，一个有影响力的父亲无形中还给了她一个未来丈夫的模范榜样，替她制定一个判断未来夫婿的标准。

比如，世界上众多的母亲会发现，自己的女婿和丈夫如出一辙！这是因为，大多数女儿会以父亲为榜样选择男友或丈夫。

总之，女孩的爱心是通过自然而然的模仿、潜移默化的渗透而逐渐形成的，是一个从外在到内在、从量变到质变的发展过程。在这一发展过程中，家庭是最重要的爱心培育基地，父母是最直接的爱心传播者。

细节 20 在"过家家"中流露爱意

女孩爱玩"过家家"，爱心也自然流露其中。

小时候，很多女孩都喜欢玩"过家家"游戏。几个人一起玩时，角色有当"爸爸"、"妈妈"、"弟弟"，分工有的"去买菜"，有的"煮饭"，有的"抱娃娃"等，也有模拟种瓜等生产活动的，模仿大人过日子，十分有趣。

"过家家"被认为能满足幼儿模仿成人的需求，发挥想象力和创造力，并练习人际互动。成年人不应对这种"过家家"游戏不以为然，甚至阻止。要知道，女孩们玩这种游戏实际上反映了她们对生活的认知。

在玩"过家家"游戏的过程中，女孩往往俨然一个小大人，当"妈妈"角色尽心尽责，这就是女孩母性的仁爱表现。

倩倩今年5岁，喜欢带着自己的"娃娃"玩。她天天给"娃娃"梳头、穿衣，吃饭时也要"喂"上几口。一起玩时，倩倩就给"娃娃"讲故事。她的语气和问题就像妈妈给她讲故事时一样。有时，她抱着"娃娃"亲了又亲，嘴里还说着："宝宝真棒！"每次看她这样，妈妈总忍不住微笑起来。

由此可见，看一个女孩在玩"过家家"时的表现，往往能看出她的性情。细心的父母不难发现，原来自己的女儿这么有爱心。此时，父母的适时赞扬会给女孩带来莫大的鼓舞，从而坚定她"仁爱"的信念。

实际上，父母应尽量抽出点时间，和女孩一块儿玩"过家家"。这既是接近女孩、了解女孩的极好机会，也是引导女孩学习待人接物和体会"可怜天下父母心"的好机会。

细节

21 狗狗，别哭

对小动物的呵护疼爱，是小女孩爱心的表现。宠物是不能说话的家庭成员，而孩子与宠物一同长大，能够增长爱心和容忍度。

女孩蓝蓝家里养了一只可爱的狗狗，她给狗狗取名叫小茸茸。小茸茸天天黏着小主人，跟前跟后，左舔右舔，可幸福了。一天，蓝蓝不小心踩到了小茸茸的尾巴，小茸茸痛得嗷嗷叫了一阵。蓝蓝听着小茸茸的痛叫声，心都要碎了，急得没办法，就抱着小茸茸哭了起来。幸好妈妈及时赶来，才把那小主人和小狗的情绪慢慢平定了。

故事中蓝蓝的哭看似女孩的脆弱，其实是一种怜悯心的作用。

女孩天生就有善良、怜悯之心，从而莫名地喜爱小动物和小花小草。父母可以针对女孩的这一特点，因势利导，帮助女儿充分表达出爱心。其中，让她养小动物，就是一个非常有效的方法。

养宠物对于女孩的成长有几个非常重要的好处：其一，养宠物能够让女孩子学会关心他人，热爱生命。小孩子对于生命的概念理解起来总是非常困难。中国的独生子女当中，很大一部分独生子女不知道要如何做才是对别人好，从他们从小对待娃娃、毛绒玩具的态度来看，他们是有爱心的，但是他们发现，这种爱心并不能够得到回应，这让中国的孩子开始变得自私，缺乏爱心。如果从小养大的是宠物，她就能够很容易地在宠物身上得到回应；其二，与宠物在一起，能够让她学会尊重其他家庭成员，告诉她要尊重每一个家庭成员并不容易，但是有了宠物的陪伴，能够让她很容易地学会尊重家人；其三，与宠物一同成长，能减少独生子女身上的孤独感。独生子女从小自私的性格，缘于他们的孤独感，而家里有宠物，则能够让他们学会与别人分享，尽管和宠物在一起可能会笑话百出，但是这样成长起来的孩子，才会更加快乐，轻松。

　　一天，女儿春游买回来的小鸡死了一只，她很难过。后又有一只小鸡耷拉着翅膀显得无精打采的，女儿发现了，用手心轻轻捧起它。小鸡似乎怕冷，在她的小手心里叽叽叫。

　　听阿姨说小鸡感冒生病了，女儿好心疼地用手捂着，想通过手温来保护它。

　　准备上学时，女儿不停地叮嘱阿姨好好照顾这只小鸡。可是，当她放学回来，便发现它被另外两只小鸡踩在脚下奄奄一息了。她很难过，很小心地用布包着小鸡捧在胸前，不停地追问我和阿姨这只小鸡会不会死。我不忍心告诉她真相，只是说了一些含糊其辞的话。

　　女儿似乎明白将有不幸的结局，便小心翼翼地把小鸡捧进自己的房间，关上房门没了声响。等我进去叫她吃饭时，女儿已经做好一张小报，上面写着这两天养小鸡的心得：既有在一起的快乐，也有离别的伤感。

　　如今，女儿也像我当年一样把小动物当成了好朋友，并因为失去"朋友"而伤心。这就是女孩天真、善良的童心，我会好好保护和善待女儿这份珍贵的善良。

这个故事中的女孩真是把爱心的怜悯心发挥得淋漓尽致了。而更重要的是，这位母亲小时候也有过跟女儿相似的经历。因此，她懂得如何保护女孩的善良。

当然，让女孩子养宠物之前，父母需要注意以下几点：

第一，做好卫生和预防感染的工作。由于孩子的卫生意识较差，无法避免孩子在抚摸宠物后又去拿东西吃的情况。因此，父母一定要多给宠物洗澡，注意宠物的清洁卫生。

第二，避免接触有野性的宠物。最初宠物在孩子眼中可能只是一个玩具，并不了解宠物的生命，可能会出现摔打宠物，把宠物弄疼。如果是猫就很可能会抓伤或者咬伤孩子。所以，应该选择性情温驯的动物，比如乌龟、兔子等。

第四章

诚信，女孩最好的『名片』

引语：

作为千百年来中华民族行为规范和道德修养，诚信是一个人最好的名片。作为父母，爱女孩，首先得为女孩赢得这张诚信『名片』。而一个女孩，有了这张『名片』，她的魅力就有了基底。

细节 22 诚信是金

诚信是一个人、一个家庭、一个行业、一个社会所需要的宝贵品质，它像金子一样宝贵，不，它比金子更宝贵，所以人们常说诚信是金。

我国有一句话叫作"诚信是金"，意思是：做人讲诚信，就像金子一样宝贵。可我却不这么认为，我认为诚信比金子更厚重，更宝贵。我国悠久的历史文化已有几千年了，自古都以"言行一致，表里如一"为准则。"实事求是，讲究信誉"为人们追求的品德和德行。

北宋词人晏殊，素以诚实著称。在他14岁时，有人把他作为神童举荐给皇帝。皇帝召见了他，并要他与1000多名进士同时参加考试。结果晏殊发现考题是自己10天前刚练习过的，就如实向真宗报告，并请求改换其他题目。宋真宗非常赞赏晏殊的诚实品质，便赐给他"同进士出身"。晏殊当职时，正值天下太平。于是，京城的大小官员便经常到郊外游玩或在城内的酒楼茶馆举行各种宴会。晏殊家贫，无钱出去吃喝玩乐，只好在家里和兄弟们读写文章。

有一天，真宗提升晏殊为辅佐太子读书的东宫官。大臣们惊讶异常，不明白真宗为何做出这样的决定。真宗说："近来群臣经常游玩饮宴，只有晏殊闭门读书，如此自重谨慎，正是东宫官合适的人选。"晏殊谢恩后说："我其实也是个喜欢游玩饮宴的人，只是家贫而已。若我有钱，也早就参与宴游了。"这两件事，使晏殊在群臣面前树立起了信誉，而宋真宗也更加信任他了。

美国第一任总统华盛顿用小斧头砍倒了他父亲的一棵樱桃树。父亲见心爱的树被砍，非常气愤，扬言要给那个砍树的人一顿教训。而华盛顿在盛怒的父亲面前毫不避讳地承认了自己的错误。父亲被感动了，称华盛顿的诚实比所有樱桃树都宝贵得多。

诚信，其实很简单。借了别人的东西总是要还的！在规定的时间内还了，那就是诚信；朋友相互之间的一个承诺，双方都做到了，那就是诚信。

诚信能增进你与周围人之间的感情；诚信能使你问心无愧；诚信能让你独步于天下；诚信让你无时无刻都有好心情；诚信能在性格各异的人之间搭起一座沟通和相融的桥梁；诚信无所不在，无所不能！

有一个小女孩在作文中如此写道：

小的时候，我是一个快乐的小女孩，老师和同学们都说我是他们的开心果，每天都带给他们好心情。于是，我便有了很多的好朋友，高莉芸就是其中的一个。她是个天真可爱的小姑娘，我们俩总是形影不离。

有一次她约我一起去植物园玩，那时候植物园刚刚建好对外开放，里面有姿态万千的花草树木、奇妙壮观的音乐喷泉、设施齐全的儿童游乐场，是每个小孩心目中的乐园。于是，我很爽快地答应了，并说好明天早上8点钟在植物园门口不见不散。

可是，第二天早上8点钟的时候，我还在床上呼呼大睡。等妈妈叫我起床的时候已经是9点多了，我一想糟了，8点钟我不是跟高莉芸约好要去植物园吗，我得赶紧去啊！转念又一想，现在已经9点多了，都过去那么长时间了，高莉芸怎么还会在那里等呢？肯定早就走了。这样一想，我就打退堂鼓了，也没有把这件事放在心上。

星期一去上学，下课后，我发现高莉芸好像故意回避着我，不像以前那样主动跟我玩了，脸上布满阴云，像有什么心事。我想我们既然是好朋友，就应该多关注好朋友。趁她独自坐在座位上的时候，我轻轻地走过去，问她："莉芸，你怎么啦，有什么不开心的吗？""我当然有啦，昨天跟你说好到植物园玩，我在门口足足等了一上午，你为什么没来？后来我一个人玩，可是没有了好朋友一起玩，我一点也不快乐。我觉得我失去了一个好朋友，因为好朋友应该是绝对讲诚信的！"我听了她的一番话，看到她一脸的认真和忧伤，我的心像被重重地击了一拳。"我……我……对不起！"我羞愧得无地自容。"坦白是诚实和勇敢的产物。"我向她澄清了我的错误，请求她原谅，她把手伸过来，紧紧地握住了我的手。此刻，我觉得她的手无比的温暖，她的面容变得更美丽可爱了。

从此以后，凡是跟人家讲好的事情，我都会不折不扣地做到，哪怕是很小的一件事情。因为不讲诚信会让彼此都互不信任，受到伤害。

诚信，是中华民族的传统美德，没有诚信的人是难以让人接受的，诚信就如同一盏生活中的明灯指引我们前行的路。不懂诚信者，不遵从诚信者，必然会遭到人们的排遣；不懂诚信者，不遵从诚信者，必然不会得到他人的诚信对待。

有这样一个故事：有一个人，他经过不懈的努力，终于得到了"美貌"、"诚信"、"金钱"、"健康"、"聪明"等一些对人非常有用的东西。他乘船过江，由于所带的东西太多，超过了船的承载能力，船马上就要沉入江中，于是，情急之下，他去掉了诚信。当他上了岸，没有一个人相信他。因为，他没有了诚信，他活得非常痛苦。

诚信是一种美德，是一种修养，是人人必备的根本品质。作为父母，在教导女儿的过程中，需要把诚信作为一个重点来培养。

细节 23 女孩的诚信，是可以培养的

培养女孩的诚信品质，方法要巧妙。

诚信是立人之本，是一个女孩的最好"名片"，越来越多的父母也意识到这一点。而一个超棒女孩，更是要以诚信为做人的基底。

那么，如何培养女孩的诚信品质？

▶▶ 利用寓言、故事来启发

利用寓言、故事作为教育材料来引导、教育女孩诚实守信，这是中国人历来的传统。

《狼来了》的故事常被中国父母用来教育女孩：撒谎的人最终将害了自己。

《种不出花的孩子当国王》的故事，也说明了诚实的人将会最终获得好的报偿。

列宁打破花瓶，开始不承认但最终主动告诉姨妈的故事，也给父母教育女孩提供了借鉴。

华盛顿砍掉父亲心爱的树，在父亲盛怒之下仍然承认错误，最终得到父亲的原谅与赞赏，从而造就了诚信之品格。

《百万富翁的故事》对美国1300多位百万富翁的调研表明，成功来自于诚实与勤奋。

家长的诚信示范

在家庭教育中，父母的言行对女孩有相当大的影响。如果大人经常说谎，女孩照样会模仿的。

例如，有人打电话找爸爸时，爸爸会对妈妈说："如果是某人找我，就说我不在。"有时没有别的大人在家，爸爸会叫女孩接电话并说："就说我不在家。"可女孩也许会说"爸爸说他不在家"，从而闹出笑话。

实际上，这种父母向别人说谎的行为就是一个反面教材，会给女孩的撒谎制造借口。

有一天，她也许会说："你都骗人，我为什么不能？"因此，要培养女孩的诚信品质，父母必须是个诚信典范。

承受不诚实的后果

很多时候，女孩的不诚实行为是一种好奇，觉得好玩而去撒谎或者偷窃。她们并不懂得其中的厉害，不知道会给自己造成什么后果。

比如，经常撒谎、偷窃很难再获取别人的信任，并受到同学的排斥和老师的厌恶等。

对于女孩的不诚实行为，父母要及时给予相应的惩罚，并给女孩分析不诚实行为可能带来的后果，这样女孩往往因为不想失去朋友和别人的喜爱而改正错误。

▶▶ 自我暗示

有的女孩可能撒谎或偷窃成性，一下子很难改正过来。这时候，父母要有耐心，并教女孩利用自我暗示法来控制自己的行为。

比如，女孩欲对别人说假话时，就用戴在手腕上的橡皮圈弹自己，提醒自己不要说谎；或者让女孩常常默念"说谎惹人嫌，孤单又可怜！"来暗示自己要以诚待人等。

心理暗示的力量是不可估量的，当女孩总是告诫自己要诚实，就会慢慢淡化不诚实的行为欲望，最终把诚实品格培养起来。

细节 24 给女孩讲讲诚信故事

给女孩讲讲诚信故事，让她懂得见贤思齐。

历史中关于诚信的故事有很多，故事里的人们都因为手里紧紧攥着那张诚信"名片"，宁愿自亏自损也不欺骗别人，从而使信服者越来越多，终成大事。

为了帮助女孩理解"诚信"含义，父母可以跟她讲讲这些故事：

【故事一：陶四翁义烧假紫草】

南宋陶四翁开了一家染布店，他为人忠厚，做生意讲求信誉，在镇上有口皆碑。

一天，有人来推销染布用的原料紫草，陶四翁并不怀疑，就用四百万钱通通买下了那批紫草。不久一个买布的商人来店里进货，看见了这些紫草，便告诉陶四翁说这些都是假的。陶四翁大吃一惊，还有些不相信。商人教了陶四翁一些检查紫草的方法，陶四翁照商人说的一试，果然是些假紫草。这时商人说没关系，这事包给我了，假紫草仍然可以用来染布，价钱便宜点拿到市场上去卖掉就行了。第二天，商人再来进货，陶四翁却没有一匹染布，他还当着商人的面把那些假紫草全都烧了。

其实，当时陶四翁并不富有，却宁可自己受损失也不去坑害别人。他把高尚的品质遗传给后代，子孙们也像他一样诚信不欺，最后都成了大富商。

【故事二：李嘉诚诚意可嘉】

李嘉诚在创业初期资金极为有限。

有一次，一位外商希望大量订货，但他提出需要富裕的厂商作担保。李嘉诚努力跑了好几天，仍一无着落。在找不到担保人的同时他并没有放弃去开发新产品，他通宵赶出了9款样品去找外商，一切据实以告："我有能力做好产品，但是我的资金有限。"外商被他的真诚感动，不但在无担保的情况下跟他签约，还预付了货款。

李嘉诚正是有如此的诚意，使人相信他能成功。而事实证明，他最后成功了。而他的座右铭便是：一个有信用的人，比起一个没有信用、懒散、乱花钱、不求上进的人，自必有更多机会。

【故事三：悬崖边缘（一念之差）】

纽约法官克雷恩出生在一个贫穷的工人家庭，为了生活，他很小就到一个私人公司工作。雇主待他像一条狗一样，让他干繁重的工作，每周只付给他2美元的工钱，而实际上他的工作价值至少是一周50美元。

有一次，他一整天没吃东西，却拿着2500美元的现金为公司办事。他当时想到偷窃，可他又想：我的妈妈一直认为我是绝对诚实的，我不能为了这个卑鄙的雇主，让我母亲伤心。

后来，他回忆这件事时感慨道："我和许多年轻人一样，曾经站到了悬崖的边缘。"

以上故事皆告诉我们同一个道理：诚信守诺，终成大事。陶四翁损失本金，烧毁假紫草，可谓吃了大亏，可他的信誉从此也更加巩固，后来家业的扩大自

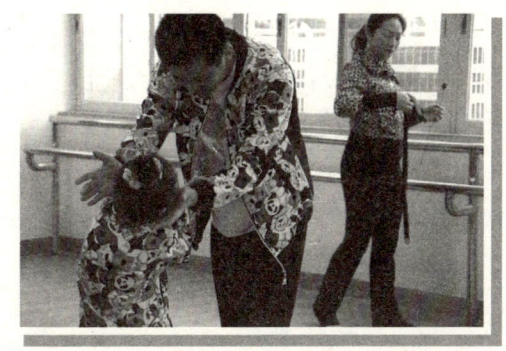

是必然；李嘉诚创业初期资金短缺，但他以诚意换来的关键性生意，最终造就了香港最大企业长江集团；法官克雷恩的人生更加玄乎，如果他那次偷了那笔钱，那么他就陷入万劫不复的境地，纽约市也将少了一位正气浩然的法官先生。

诚然，社会上既有诚信者，自然也不少背信弃义者。这样的人又会有什么结果呢？父母们也不妨跟女儿讲讲。

《郁离子》中记载了一个商人因失信而丧生的故事：

济阳有个商人过河时船沉了，他抓住一根大麻秆大声呼救。有个渔夫闻声而来，商人急忙喊道："我是济阳最大的富翁，你若能救我，给你100两金子。"

可是待被救上岸后，商人却翻脸不认账了。他只给了渔夫10两金子。渔夫责怪他不守信，出尔反尔。富翁说："你一个打鱼的，一生都挣不了几个钱，突然得10两金子还不满足吗？"渔夫只好快快而去。

后来，那位富翁又一次在原地翻船了。有人准备救他时，那个

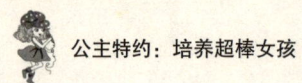

曾经受骗的渔夫便阻止："他就是那个说话不算数的人！"最后，
商人被淹死了。

　　这个故事告诉女孩，一个人若是平时不守信用，便会失去大家
的信任，成为人们的"公敌"。她一旦遇到困难或危险，便没有一
个人愿意去帮她或救她，甚至还希望她快点消失。

细节 25 怎样对待女孩的谎言

女孩撒谎原因很多，父母要给予及时合理的处理，而不是简单粗暴地打骂。

"望子成龙，望女成凤"，家长们都在努力培养女孩的好品质。其中，诚信是家长非常关心的问题。不管是睁眼说瞎话，还是不得已说谎话，都是女孩在成长中可能遇到的"陷阱"，这需要妈妈们细心观察和耐心引导。

▶▶ 女孩为何撒谎

★ 太严格，女孩因恐惧而说谎话

很多父母由于"望子成龙，望女成凤"的心理作用，往往会对女孩非常严格，令女孩望而生畏。尤其是天生敏感胆小的女孩，看到父母这么严，会以为父母不爱她，因此想借说谎来保护自己。

遇到这种情况，家长就要好好检讨自己，及时改变自己的态度，不仅要让女儿感受到温暖的爱，而且要做到"坦白从宽"，这样就会慢慢唤回女孩的信任并使她改掉恶习。

⭐ 遭受冷落，女孩利用谎言来引起注意

女孩都需要父母的关爱，如果受冷落太久，就会想方设法引起父母注意，说谎往往是一种直接的方式。比如，她可能会说："老师让我们写一篇游玩作文，妈妈周末带我去公园玩好吗？"这样撒谎的女孩父母大多太"忙"，没时间陪她们，她们就只好自己争取"机会"。

此时，家长应该及时向老师核实情况。如果情况不实，也不要轻易怪女孩说谎，要给她一个"小惩罚"并让她明白说谎的坏处。等她受过罚后，再让她做一件好事来换取游玩机会，也算她将功补过了。当然，父母往后就得注意多陪陪她了。

⭐ 自卑心理作祟，希望赢得别人的赞美

许多女孩由于学习不好，经常受到老师或家长的批评、训斥和其他小朋友的歧视，渐渐就形成自卑心理。这种自卑心理会使女孩更没信心去学习，成绩自然会越来越差，受到的责难就会越多。

但每个人都希望得到别人的赞美，尤其是从小"爱美"的女

孩。因此，为自己捏造优点或"成绩"，是她们赢得别人赞美的唯一方法。这种情况主要是提醒老师和家长，要充分发挥鼓励的力量。

⭐ 处罚不当，女孩因自卫而撒谎

历史上华盛顿砍树认错，反而受到父亲赞扬。可现实生活中，很多女孩如果承认了错误，就往往得到责罚。久而久之，女孩犯错也不敢再说实话，谎言就越积越多。这就是父母处罚不当的后果。

为了帮助女孩改掉爱说谎的缺点，父母首先得明事理，明白女孩认错的意义。人生在世"孰无过"？只有认错，才能改错。可女孩若是因认错而受罚，就只好用撒谎来自卫。这值得家长们去深思。

⭐ 推卸责任或觉得好玩而说谎

有的女孩做错了事为了避免受罚，便往往以说谎来推卸责任；有的女孩说谎却是因为觉得好玩。

出现这两种情况的女孩，都是不懂得说谎的严重后果。如果及时给予适当的惩罚和分析道理，相信女孩会及时改过的。

▶▶ 撒谎也有年龄之分

⭐ 3～4岁的女孩，无意识地说谎

有时，女孩会不加思索地脱口而出，讲不符合实际的话。经了解，多半是为了实现某些愿望所致。

例如，某3岁女孩看到邻居小女孩过生日时妈妈给她做了新衣服，她很羡慕，希望自己也拥有一件，便向妈妈说她也到生日了，要给她买一件新衣服。

对于这种还不懂得说谎，却已经说了不符合事实的话的女孩，家长们不必气势汹汹地责骂她们，只需亲切而平静地指出："你的生日还没有到，衣服也先不买，等你生日到了，我们再商量买东西。"

初次说假话，经教育后一般就不会再发生。但如果处理不当，就可能会引起女孩继续说谎。比如，那位母亲宠爱地对女儿说："对呀，你也要过生日了，我们也去买一件衣服。"或者说："你以后要过生日，我们先去买一件新衣裳。"这样，那个女孩自然地对于讲话是否要符合实际不介意，可能再次说谎。

★ 5～6岁的女孩，会故意说谎

这个年龄段的女孩，会为了得到某些利益，编出谎话。

比如，有一个6岁女孩为了跟妈妈到外婆家去玩，就推说肚子痛不去幼儿园。当妈妈要带她到医院看病时，她又说肚子不痛了，是老师在生病，小朋友可以放假。

面对这个有意识编造笨拙谎话的女孩，成人必须采取严肃的态度去教育她。母亲最好立即同她一起到幼儿园里去看看老师是否生病，随后应向她指出，讲谎话是要被揭穿的。同时，母亲可以问她是否想到外婆家。等她承认后，母亲可以告诉她：今天妈妈休息，你如果讲实话，我可能会替你向老师请假，带你一起去外婆家，可是现在不行了。以后你不讲假话了，妈妈再带你去。这样，女孩以后就或许不敢再说谎了。

⭐ 7～9岁的女孩故意说谎，并竭力否认

这个年龄段的女孩说谎后又设法抵赖，多半是因为有曾经因说谎而受指责的经验。这样的话，家长就要盘问清楚事实真相，但语气要温和。

比如，"你不是故意去偷的，你不过是看到那辆小汽车在地上，对吗？"或"你很喜欢那样东西是吗？"或"你上次说了谎之后改正了，老师都喜欢你，这一次你一定会改的，老师还是喜欢你的。"

这样做，女孩的紧张心理就会松弛，往往会把事实真相讲出来。随后，家长再针对情况进行教育劝导，女孩的情况就会得到改善。

总之，家长要以温和明智的方式善待女孩的说谎行为，及时有效地把女孩引入诚实之道。

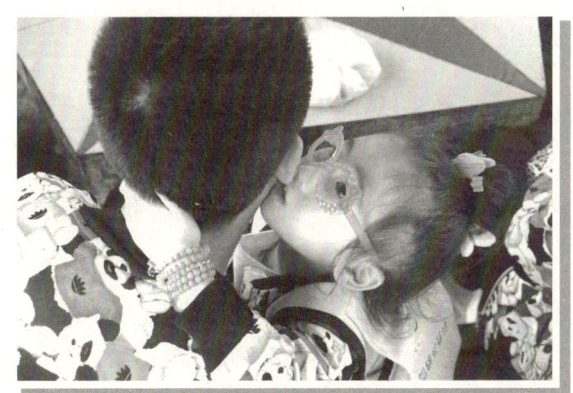

细节 26 诚信，但不能受欺骗

教育女孩诚信，同时要让她懂得不轻信。

俗话说，"人善被人欺"，善良老实的女孩往往"耳根子软"，容易上当受骗。尤其是善感多愁的女孩，容易受别人的甜言蜜语"蛊惑"，从而吃了亏。为了让女孩保护好自己，父母要尽早培养她们的防卫能力。

而"害人之心不可有，防人之心不可无"，女孩防卫的第一步是学会识破别人的谎言。

▶▶ 要教女孩敢于怀疑

笛卡尔说："要想追求真理，我们必须在一生中尽可能地把所有的事物都怀疑一次，怀疑我们心中已根深蒂固的常识，怀疑知识的来源——教科书，怀疑最权威的知识传播者——父母和老师。"

要想女孩不受骗，女孩必须具有这样的怀疑精神。因此，家长平时要教育孩子别轻易跟陌生人说话、接受陌生人的东西等。

识别谎言的原则

⭐ 常态与变化原则

你对某人的常规交际模式即常态，越熟悉，你就越容易发现他的欺骗行为、逃避行为。家长要教育女孩，如果发现他人的交际模式与以往有所不同，就要提防他在撒谎。

⭐ 综合原则

人类交际行为是言语交际行为和非言语交际行为相互作用的结果。所以，家长要教育女孩千万不要只根据孤立、个别的行为作出判断；轻易相信别人。

⭐ 避免偏见原则

把观察建立在先入为主的偏见和误解之上，是非常不可靠的。比如，以貌取人就是一种偏见。所以，家长要教育女孩，不要因为别人衣冠楚楚就认为是好人。

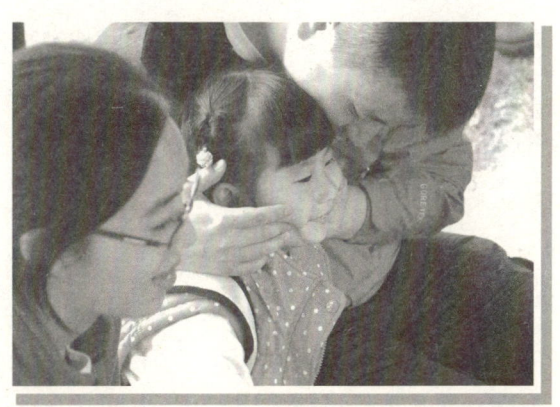

总之，告诉女孩不要轻易作判断，尽量避免一个人在僻静、陌生之处与陌生人接触。

细节 27 教育女孩诚实对待自己

正确认识和诚实对待自己的优缺点，这是
女孩健康成长的所需。

古希腊先哲苏格拉底说："认识你自己。"这句话虽然简简单单，却蕴含了无穷的意义。一个人只有对自己诚实，同时承认自己的优点和缺点，才能扬长补短，不断地进行自我完善。如果一个人只看自己的长处，而刻意避开自己的短处，便可能陷入自负或自卑的泥潭。

女孩正确认识自己的好处有：

▶▶ 了解自己的优势，自信

一个人，如果能了解自己的长处，就会有这方面的自信，往往就会把优势发挥得越来越好。而如果不了解自己的长处，就不知自己该如何发展自己，就会每天得过且过，把大好时光都白白浪费掉。因此，父母要让女孩从小知道自己的优势，鼓励并创造条件让她们充分发挥优势。这样，女孩就会有信心去学习生活和不断进取。

第五章

坚韧，性如蒲苇

引语：

蒲苇，喜光，耐寒，耐干旱，可用来比喻人性的坚韧。女孩柔情似水，也需像蒲苇般坚韧。

细 节 28 摔倒了，让她自己爬起来

> 从哪里摔倒，就从哪里爬起，这是超棒女
> 孩必须具有的姿态。

　　小时候，女孩蹒跚学路，总是要不断地跌倒不断地站起，才慢慢把走路学会的。如果一开始，父母因为心疼女儿，总是久久地扶着她，不忍放手，一见她摔倒连忙扶起和安慰，这样女孩肯定很久才能学会走路。而且在她的印象里，会觉得以后无论什么事，都是可以靠着父母的，这样就慢慢形成依赖性，而丧失独立能力。因此，培养女孩的韧性，就从她学习走路开始吧。

　　女儿上幼儿园的时候，有一次我去接她，她着急地跑过来，而地板刚刚擦完是湿的，她一下子就摔了一个大前趴，牙齿把嘴唇磕破了，鲜血一下子涌出来，她放声大哭，我也心疼死了。但是我还是硬下心来，一边掏出手绢捂住女儿的嘴巴，一边说："妞妞，坚强点儿啊！出点血不怕的啊！妈妈知道你疼，但是你已经长大了啊！"

　　女儿含着眼泪停止了哭泣。

　　我又说："妞妞，知道你怎么摔倒了吗？你看看地板，刚刚擦

完，带着水的，容易滑倒啊！"

女儿含着眼泪看着地板哭着说："嗯，有水会滑。"

我说："下次一定要注意了，地滑的时候慢慢走就不会摔了，知道了？"

女儿回头看看地板，点点头说："知道了，妈妈。"

我看到女儿是强忍着不哭的，就鼓励她说："就是，妞妞多坚强啊，嘴都磕肿了都不哭，真的好棒！妞妞，我们要吃一堑长一智啊。你知道什么叫吃一堑长一智吗？"……

回家的路上我给她讲着讲着，她既懂得了一个道理，也在说话的时候，忘记了疼痛。其实，我的心好疼啊。我始终是这样，在我心疼她的时候，只表露一点点，而更多的是鼓励。

女孩子在小的时候，要让她明白的不仅是一个道理："摔倒了要自己爬起来，不要指望别人"，还要知道自己为什么摔倒，怎么才能爬起得快，还要知道下次不要再在同一个地方摔倒，也不要在类似的地方摔倒。也就是让女孩子在摔倒到爬起来的过程中，学会的不仅是坚强，而且还有与摔倒有关的经验。这样的经验可以让女孩子受用一生。

细节 **29** 不妨，从头再来

人生挫折多，要鼓励女孩从头再来。

女孩的坚韧，也是克服困难的能力。鲁迅曾有这样一句话："真的猛士敢于直面惨淡的人生，敢于正视淋漓的鲜血。"

我们并非一定培养一个"真的猛士"女孩，但是培养一个坚强的女孩则相当有必要。因此，可把鲁迅先生的那句话换言之，就是：坚强的女孩敢于直面现实的困难，敢于正视挫折。

许多父母都认为，女孩子的心理承受能力差，应该对女孩子保护有加，这种观念直接影响了女孩子。其实，一个人受点挫折，尤其是早期受一些挫折，很有好处。

父母应正确看待挫折的教育价值，把它看成是磨炼意志、提高适应力的好方法。同时，可以采用以下方法帮助女儿来应对挫折，当她遇到挫折、失败的时候，要鼓励她从头再来。

▶▶ 教女儿学会勇敢面对挫折

每个人的生活都不可能一帆风顺，谁都会遇到这样那样的困难，经受大大小小的挫折。如果孩子见了困难就害怕，遭受挫折就

退缩，那么孩子时刻都会受到心理压力的煎熬，遇到挫折承受不了打击，困难没有来临时害怕它到来，因此身心疲惫，对成长十分不利。

俗话说"困难像弹簧，你弱它就强"，父母要让女儿明白这句话的意思，引领女儿亲身体验一下战胜挫折的快感，从而帮助她学会勇敢地面对挫折、困难。

▶▶ 关注女儿的心理变化

女孩子遇到了挫折，有时候不会主动对父母说，只是有一些不正常的行为，消极的情绪等。这就需要父母时刻关注女儿身心的变化，一旦发现女儿有不良情绪产生，或者睡眠、吃饭等有不正常的反应，父母就要及时与女儿进行有效的沟通，认真地倾听女儿的心声：让女儿说出事件的原委，以及内心的想法与感受。父母掌握了这些情况，才能有效地开导和指点，从而帮助女儿解决问题，缓解女儿的心理压力。

▶▶ 不要给女儿过大的压力

女儿的压力很大一部分来自父母。如有的父母忽视女儿的实际能力，给女儿提出过高的要求。经常拿女儿的弱势与其他孩子的强势进行比较，平常对女儿的关爱少，批评、指责多。家庭关系紧张

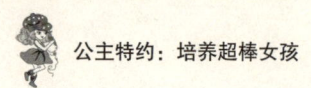

等，都会给女儿心理造成很大的压力。

因此，父母需要根据女儿的实际能力，制定一个合理的目标。在家庭教育过程中，父母平时要多关注女儿的进步，对她多表扬。还要给她创造一个和谐的家庭环境等。这些都可以减轻女儿的心理压力，使她轻松地生活、学习。

▶▶ 帮助女儿缓解压力

女孩子因为缺乏人生经验，看问题不全面，很多时候会把不好的结果无限地夸大，从而使自己的心理压力陡增。此时，父母要想办法帮助孩子缓解过大的心理压力。

女儿压力过大、心情郁闷时，父母可以让她做自己感兴趣的事情。女儿转移了注意力，心理压力自然就会得到缓解。

父母也可以带着女儿锻炼身体，让女儿找朋友倾诉等，这些方式也能够减轻女儿的心理压力，帮助女儿快速赶走消极的情绪。

▶▶ 指导孩子把压力变为动力

同样的挫折，同样的困难，有的人就会把它看成巨大的障碍，因此心理压力过大，情绪消极，无法安心做事，结果以失败告终。而有的人面对这些挫折与困难，虽然也有心理压力，但却能把这种压力变为前进的动力，因此积极奋斗，努力克服困难，最终获得成功。

所以，当女儿遇到了不如意之事的时候，父母要让女儿看到这些挫折的有利一面，不要被困难吓倒，并且指导女儿把压力变为动力，激励女儿努力向上，这样既能缓解女儿的心理压力，又能促使女儿前进。

韧而不利，有人帮

坚韧但不刺人，这是女孩要学会的示弱智慧。

内心坚强，不代表不需要别人帮忙。在漫漫人生路中，人们都是需要互相扶持的。而如果一个人太锐利，像个刺猬一样，就会使别人不敢靠近，从而成为孤家寡人，孤独一生。所以，超棒女孩的可爱之处，便是既坚强又能适当示弱。

在《天下女人》中，宋丹丹讲了这样一个经历：

一次，她正在打点行李准备出差，先生主动来帮她整理，他说："这箱子太小了，得换个大点的才装得下。"

宋丹丹不信，非露一手不可。经她一番折腾，真把衣物都塞了进去。正在她得意时，丈夫终于忍不住埋怨："你为什么要剥夺别人幸福的权利？"她这才恍然大悟：能够为自己所爱的人操办一些小事，也是一种幸福和乐趣，管他是用大箱子还是小箱子！

从那刻起，好强的宋丹丹开始懂得示弱的妙处。

宋丹丹的亲身经历告诉我们，一个人适当地示弱，其实就是给另一个人为你"操心"的权利，这种"权利"对那个"操心"的人来说，也往往是一种幸福的权利。尤其是女孩，虽然独立，但总有柔弱之处，何不真实地展现出来，给别人助人为乐的机会呢？

总之，适当地示弱，更能彰显女孩魅力。因为，任何人都有脆弱无助的时候，求助便是对人的一种信赖。被信赖的人又能从援助中获得快乐，何乐而不为呢？反之，若是明明需要帮助却死要面子硬撑，会给人造成一种孤傲小气的感觉。久而久之，那些热心人都逐渐离开，最后便只能做孤家寡人。父母应该在日常生活中多多关心女儿的内心需要和适当地给予帮助，使她逐渐形成一种"韧而不利"的个性。

细节 31 存在，即鼓励

作为榜样的存在，本身就是一种鼓励，这也是女孩努力的方向。

一个自立自强的人，她的存在就是一种鼓励。让你的女儿从小独立起来，成为日后其他女孩的榜样吧。要成为别人的榜样，女孩首先要有自己的榜样。历史上女性榜样不少，如：

【海伦凯特：奇迹的发生】

1880年，海伦凯特出生在美国。小海伦因为发高烧使她的双目失明，听力丧失。当时，她才是一个一岁半的娃娃。因为聋，她没能学会说话；因为瞎，她看不到美丽的大自然，她的眼前是一片黑暗，她的耳边是死一般的沉寂。她变得暴躁起来，脾气越来越坏。

7岁那年，父母帮小海伦请来了一位家庭老师。老师开始教海伦摸盲文，拼单词。老师多少次在小手上写单词，但海伦不知道这是单词，一直以为老师在她手上做游戏，只感到手痒痒的。

一次，她们路过水井旁时。老师把小海伦的一只手放在水管口，这时一股清凉的水在海伦手上流过。老师在海伦的另一只手上拼写"水"这个单词。海伦猛然醒悟，原来"水"就是这种清凉而奇妙的东西呀，原来这世界上所有的东西都有自己的名称。海伦高兴地尖叫着，她不停地模仿老师拼写的字母，吃饭时，她用手指在桌面上拼写单词；睡觉时，手指不停地在床单上涂写。一天又一天，床单上竟被划出了一个小洞。白天，她又在地板上书写，小小的手指由于长期摩擦出了血。老师心疼地用布把她的手指包扎起来，她还是以顽强的毅力坚持着。因为她懂得，自己是残疾人，要获得成功必须付出比正常人更大的努力。

就这样，海伦通过自己的努力学会了阅读和算术，面对大家的称赞，海伦没有笑，反而大哭起来。原来，她虽然学会了识字，也懂得了不少知识，但她多么想开口说话呀，这个要求对平常人来说太简单了，可是对她来说却是太难太难！那一年，海伦10岁，

老师教海伦说话时，要海伦的手放在她的脸上，让海伦仔细体会嘴唇、喉咙的肌肉收缩情况，学习发音。的确，对海伦来说学会说话比写字不知要难多少倍。为了学会一个单词的发音，她反反复复地用手触摸，体会老师的发音口形，自己不停在练习练习再练习，一练就是好几个小时，第二天再请老师矫正。就是这样，她凭着自己的努力和超人毅力，一步步走向成功。

19岁那年，海伦以优异的成绩考上大学。后来，她学会了五个国家的语言，还发表了不少作品，成为著名的作家、教育家和社会活动家。

【邰丽华：舞蹈演绎生命】

邰丽华，当代聋人舞蹈家，生于湖北宜昌。她1994年考入湖北美术学院装潢系，毕业后曾任湖北一所聋哑学校的老师。

邰丽华小时因高烧注射链霉素而失去了听力，从此进入了一个无声的世界。律动课上，老师踏响木地板的震动，启蒙了她对音乐

的痴迷，而被她称作"看得到的音乐"的舞蹈也从此成为她生命的亮色——她赖以表达内心世界的语言。

这位两耳失聪的女孩，用生命演绎的舞蹈"千手观音"感动了世人。如今，她已荣任中国残疾人艺术团团长。自2008年当选全国政协委员以来，每年两会她的提案都事关残疾人福利，多次向央视建议在《新闻联播》和春晚等节目中插字幕，以照顾到广大听障人士的需要。她还曾在提案中写了多条措施，进一步呼吁全社会关爱耳聋患者。

对于充满好奇、善于模仿的女孩来说，榜样的作用意义重大。家长要多给女儿讲讲名人自立自强的故事，让女儿在学习别人的过程中自强起来，然后再去做别人的榜样。

榜样的力量是无穷的，她也会因为成为别人的榜样而感到幸福——施予，就是幸福。

细节 32 好事多磨，需忍耐

好事多磨，要教育女孩在忍耐中继续前进。

"好事多磨"的意思，指好事情在实现、成功之前，常常遇到许多波折。这就需要一颗忍耐的心经得起波折的考验，直到最后取得成功。

一个人面对挫折或失败所持的心态，往往决定她一生的命运。哲学家叔本华说过："逆来顺受是人生的必修课。"诗人惠特曼也说过："让我们学着像树木一样顺其自然，面对黑暗、风暴、饥饿、意外与挫折。"可以说，挫折是一生必经的一道坎，家长必须让女孩明白挫折是人生最好的老师，让女孩在接受挫折中成长。

▶▶ 设置挫折情景

在日常生活中，尤其是当女孩遇到困难时，成人应及时地给予引导，使女孩能够正确地认识挫折。而设置挫折情景，就能很好地培养女孩的挫折意识。

当然，设置挫折情景要根据女孩的心理承受能力和理解能力来设定"难题"或"情景"
的难度和强度，避免挫伤
女孩的自尊心和自信心。

　　某星期天，7岁女孩形
形跟父母去爬山。山有点
儿高，爬到半山腰时形形
就不愿再走，央求爸爸背
她。妈妈见状，就停下脚步，说："我们都休息一下，待会儿再继
续爬。如果形形能自己爬到山顶，不用父母背的话，回家就奖励一
个精美日记本。"爸爸听了，会意一笑，也停下脚步开始给小花小
草拍起照来。形形无奈，也只好跟着爸爸拍照。后来，她自己也高
兴地拍了好几张。想到山顶看风景更美，她就兴致勃勃地率先往上
跑了……

　　形形妈妈很聪明，对退缩的女儿不是"帮助"或奚落，而是给
她克服困难的时间，从而培养其抗挫力。

　　穆尼尔·纳素夫在其《愿你生活更美好》的书中说："女孩犯
错误的时候不要埋怨她们，也不要奚落她们，应该帮助她们从失
败走向胜利，帮助她们看到光明，特别是在十字路口的时候。"这
正是要求父母为女孩巧妙设置挫折情景，培养女孩的抗挫力和忍
耐性。

▶▶ 良好心态的培养

　　拿破仑·希尔曾经说过："积极的心态，就是心灵的健康的营

养，这样的心灵能吸引财富、成功、快乐和身体的健康；消极的心态，却是心灵的疾病和垃圾，这样的心灵不仅排斥财富、成功、快乐和健康，甚至会夺去生活中已有的一切。"

作为女孩的领路人，"遇事不惊，处事泰然"，是为父母者应有的风范。在生活中遇到的不如意，父母要尽量以"大事化小，小事化无"的心态去处理，这样才能培养女孩对事、处事的良好心态。

第六章

宽容，宰相肚里行船

引语：

中国过去有句俗话，叫作『宰相肚里能行船』。讲的就是一个人非常大度，非常宽容。人的宽容，不仅可以提高情商而且可以丰富知识。待人宽容，谦虚礼让，自然会得到别人相应的尊重，在这种相互理解中，友谊自然生成，那么人缘自然不坏。而知识包罗万象，只有敞开心胸，如『海纳百川』般汲取各方知识精粹，那么人必然有厚度、广度、深度，称其丰富。

细节 ③33 宽容，人人爱

> 宽容女孩，待人爽快，没有道理不惹人喜爱。

培养女孩的乐观心态。培养女孩要有一个好的心态，学会理解别人、支持别人、谅解别人、宽容别人、包容别人。"好心态好人生"，"心态改变，一切改变"，好的心态能够使复杂的事情变简单，能够使棘手的事情变容易。要让女孩笑对人生，笑对生活，有开朗和豁达、活泼的性格，每天开心地学习和生活，使自己生活在幸福和快乐中。

他山之石

朱成，上海女孩，2001年从北京大学毕业后，被哈佛大学教育学院以全额奖学金录取。2006年4月，朱成参加了哈佛大学研究生院学生会主席的竞选活动。美国有8位总统毕业于哈佛，其中又有3位总统担任过学生会主席。故这一职务，有"哈佛总统"的美誉。

竞选由各个研究生院推选47名代表参加，环节众多。朱成以其成熟和干练的作风顺利进入了前4名。她的对手是三名美国博士生：哈恩、吉米克和桑斯。

　　桑斯位列第四，很多人以为她将退出选举，可没想到，她却突然来了个"杀手锏"。5月3日，桑斯召开新闻发布会，对前三名候选人进行了猛烈攻击。她曝出三名竞争对手的个人隐私，而对朱成的攻击是：她在2005年夏天，以救助一位南非孤儿为名，侵吞了大量捐款，而那位南非孤儿现在仍然流落纽约街头。

　　桑斯发布的新闻使哈佛为之震动，研究生院很多激进组织马上召开集会，要求立即取消三名候选人的资格。

　　朱成也受到了很多选民的质疑。可谣言很快烟消云散，朱成资助的南非孤儿出面澄清了此事。桑斯被证实有说谎的嫌疑，胜利的天平又倾向了朱成。

　　而哈恩和吉米克，为了报复桑斯先前的"毁灭性打击"，也曝光了桑斯在一家中国超市被警察询问的录像，并怀疑她有偷窃行为。一时间，桑斯百口难辩，这似乎又对朱成有利。

　　在竞选的最后关头，四个竞选者一起召开了新闻发布会。哈恩、吉米克和桑斯都显得有些沮丧，只有朱成依旧露出端庄的微笑。她走上台说："同学们，我今天想先告诉大家一件事情，就是关于桑斯在超市'行窃'的事。"

　　她的话，让所有人屏住了呼吸，桑斯更是因为惶恐而攥紧了拳头。朱成继续说道："我去中国超市问清了整个事情的经过，事实上，桑斯并不是因为行窃而被警察询问，而是帮助老板抓到了小偷……"

霎时，发布会现场一片哗然。桑斯惊讶地抬头看了看朱成，微张着嘴，想说什么，却欲言又止。哈恩和吉米克则有些沮丧，她们实在不明白朱成为什么要帮助对手澄清丑闻，难道她不明白，一旦她重获清白，就会成为朱成最大的对手？

是呀，谁愿意去帮助自己的对手？

竞选形势再一次发生变化。助理埋怨朱成帮了对手一个大忙，朱成只是淡淡地笑了笑："我只是希望这次竞争能够公平一些，这样赢得的胜利才有意义。"

投票前15分钟，桑斯宣布自己退出竞选，并且号召自己的支持者把票投给朱成。她说，她无法像朱成那样真诚与宽容，她已经输掉了竞选。如果朱成竞选成功，自己愿意做她的助理，全力协助她在学生会的工作……

2006年6月8日，朱成力挫群雄，以62.7%的支持率成了哈佛学生会主席。这是哈佛300多年历史上第一位中国籍学生担任此职。

一个自信、宽容的人，才愿意去帮助对手，最终也会因强大的人格力量赢得对手。只有内心真正强大的人，才会追求公平、公正，才会看重结果，也享受过程。

细节 **34** 你不计较，她不苛刻

> "有其母，必有其女"，妈妈不对事计较，女孩自然不会对人苛刻。

　　小女孩的心灵，干净如张白纸。父母在上面涂什么，她就会留下什么。如果父母给她涂上睚眦必报的颜色，她将狭隘计较一生，也注定得不到快乐；如果父母给她涂上宽容和爱心的色彩，她收获的将是阳光、快乐、幸福的一生。

　　那么，怎样才能培养女孩的宽容心？有效方法是：

 ## 为女孩树立榜样

　　女孩的宽容之心最主要的来源就是妈妈。女孩最初是从妈妈那里学习待人接物的方式的。妈妈宽容、大度、遇事不斤斤计较，与邻里、同事之间融洽相处，女孩就会学着妈妈的样子处理与同学之间的关系，也会变得宽容、乐于与人相处。如果女孩不小心犯了诸如打破杯子这样的小错误，不要用惩罚或责备的方式来教育女孩。告诉女孩，其实妈妈有时也会犯这样的无心之错，只要下次小心就可以避免。从原谅女孩的错误开始，用宽容的心去引导她认识

自己的错误，让女孩知道，解决问题的办法除了批评、惩罚以外还有宽容。

▶▶ 教女孩学会换位思考

换位思考是指当双方产生矛盾时，能够站在对方的角度思考问题，思考对方何以会如此行事、如此说话。如果真的能够做到这一点的话，就会减少很多不必要的矛盾。就像是下棋的人，一开始只想着自己怎样走，不管别人，水平逐渐变高的时候，就会想对方怎样走，自己怎样应对。许多女孩只习惯于从自己的角度思考问题，而不习惯站在别人的角度思考问题。而要消除这种现象的办法就是"换位思考"。

站在妈妈的角度上考虑，就会理解妈妈的良苦用心和唠叨；站在老师的角度上思考，就会理解老师的艰辛；站在同学的角度上思考，就会觉得大多数同学是可爱、可亲、可交的。所以，教上小学的女孩学会换位思考是非常必要的。

▶▶ 教女孩学会理解他人，理解人人都有缺点

金无足赤，人无完人，有缺点和不足乃是人性的必然。和同学相交，和朋友相处，完全没有必要求全责备，完全可以求同存异，只要同学和朋友的缺点不是品质方面的，不是反社会的。对于朋友的缺点和不足，对于同学心情不好时所说的话和所做的事，没有必要事事计较，事事都要求公平合理。多一次原谅，多一次宽容和理解，同时也就为自己多找了一份好心境，也会使自己在个性完善的道路上又向前迈进了一步。

当然，宽容不是无能，不是懦弱，不是盲从，不是人云亦云，这一点是必须向女孩讲清楚的。妈妈必须让女孩知道宽容是明辨是非之后对同学、朋友的退让，而不是对坏人坏事的妥协。对坏人和得寸进尺的人是没有必要宽容的。

▶▶ 让女孩多与同伴交往

宽容之心是在交往活动中培养起来的。女孩只有与人交往，才会发现每个人都有这样或那样的缺点，都要犯或大或小的错误，只有学会容忍别人的缺点和错误，才能与人正常交往，友好相处。也只有通过交往，女孩才能体会到宽容的意义，体会到宽容带来的快乐。如称赞别人的优点、庆贺同伴的成功、帮助有困难的小朋友、采纳别人的合理建议等。这些都能使女孩得到友谊，分享别人的成功，并使自己获得进步。

在女孩与同伴交往的过程中，妈妈要特别注意引导女孩容忍比自己强的同伴、比自己"差"的同伴和自己的竞争对手。让女孩不嫉妒比自己强的同伴，不嘲弄比自己"差"的同伴和不故意为难自

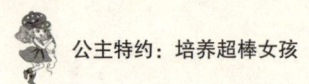

己的竞争对手。让女孩向好同伴学习，帮助"差"同伴，学会与竞争对手合作。

▶▶ 鼓励女孩"纳新"和应变

宽容不仅体现在对"人"的态度上，也表现在对"物"和"事"的态度上。父母要引导女孩见识多种新生事物，让女孩喜欢并乐意接受新生事物，承受事物所发生的意想不到的变化，做到知变、善变和应变。允许女孩独辟蹊径地解决问题，女孩一旦习惯于"纳新"和"应变"，她对世间的万事万物也就具备了宽容之心。

总之，女孩天性温良，若是母亲以身作则，待人谦恭温顺，那么在这种潜移默化的作用下，结果必然是培养出一个温柔可人的小姑娘。尽管当今社会女儿也该当自强，但自强并不与尖酸刻薄画上等号，因为强大的是人心。因此，培养超棒女孩，理应使她"情如细水，性似苇芦"。

细 35 宽容，便懂得赞赏

节

> 具有宽容心，女孩就能真心赞赏别人的长
> 处，并以此为鉴。

培根说："欣赏者心中有朝霞、露珠和常年盛开的花朵，漠视者则冰结心城，四海枯竭，丛山荒芜。"可见，欣赏他人是一种积极乐观的人生态度。当然，这也是一种宽容的表现。

"当英雄路过的时候，边上总需要有人来鼓掌。"虽说家长们"望子成龙，望女成凤"，但别忘了，"英雄"没人鼓掌便算不上英雄。所以，不妨也教会女孩当当"在路边鼓掌的人"。

▶▶ 用欣赏的眼光看待女孩

一位专家曾经谈到一个奇怪的现象：

有一次，中国和外国的女孩一起参加一项测试，并把成绩拿给父母看。结果，中国的父母看了女孩的成绩后，有80%的不满意，而外国的父母则有80%的满意。实际上，外国女孩的成绩还不如中国女孩的。

由此可见，中国的父母习惯用挑剔的眼光来看待孩子，而外国的父母习惯用欣赏的眼光看待孩子。中国的父母经常在别人面前数落自己孩子的不是，不轻易在他人面前夸赞自己的孩子。

因此，建议父母们学会用欣赏的眼光去看待女孩，教会女孩善于发现别人的长处，并真诚地赞赏他人。

▶▶ 及时纠正女孩对别人的挑剔

很多女孩总是指责别人的不是，尤其是她们的同龄人。这是因为女孩的认知非常有限，看人看事往往很片面，很容易形成偏见。

父母听到女孩挑剔他人的缺点时，要帮助她客观地分析问题，告诉她每个人身上都有优点和缺点。看别人要多看优点，不要总是盯着别人的缺点。比如，她的同桌虽然成绩不如她，可是人家唱歌比她好，或是比她会做家务等等。这样，女孩接纳了他人，心情自然会好，也有利于女孩与他人的相处。

▶▶ 教育女孩学会欣赏别人的优点

让女孩站在别人的角度，评价一下自己的优缺点。如果发现了自己的缺点，就让她及时改正；如果发现了自己的优点，就让她从中找出别人同样的优点。

实际上，一个懂得分析自己优缺点的女孩，也能发现别人的优点。一个善于发现别人优点并真诚地去赞赏他人的女孩，往往也受到别人的赞赏。

总之，懂得赞赏别人也是女孩宽容的表现。这样，她更能悦纳别人，从而获得真诚的友谊和美好的人生。

细节 36 原谅别人，便是善待自己

原谅，就是不让别人的过错"惩罚"自己，这是女孩待人处事的智慧。

美国著名作家马克·吐温曾经这样表述"宽容"：一只脚踩扁了紫罗兰，它却把香味留在了脚上，这就是宽容（宽恕）。简而言之，宽容就是包容、原谅他人的过错。

一个人懂得原谅别人的过失，就是在给自己留余地，因为谁都有犯过错需要他人原谅的时候。所以，要教导女孩学会"换位思考"，多多包容他人的过错，这样才会得到大家的喜欢。

在上海的一家餐馆里。

负责为我们上菜的那位女服务员，年轻得像树上的一片嫩叶。

她捧上蒸鱼时，盘子倾斜。腥膻的鱼汁鲁鲁莽莽地直淋而下，泼洒在我搁于椅子的皮包上！我本能地跳了起来，阴霾的脸，变成阴雨的天。

可是，我还没有发作，我亲爱的女儿便以旋风般的速度站了起来，快步走到女服务员身旁，露出了极为温柔的笑脸，拍了拍她的肩膀，说："不碍事，没关系。"

女服务员如受惊的小犬，手足无措地看着我的皮包，嗫嚅地说："我，我去拿布来抹……"

万万想不到，女儿居然说道："没事，回家洗洗就干净了。你去做事吧，真的，没关系的，不必放在心上。"

女儿的口气是那么的柔和，倒好似做错事的人是她。

我瞪着女儿，觉得自己像一只气球，气装得过满，要爆炸却又爆不了，不免辛苦。

女儿平静地看着我，在餐馆明亮的灯火下，我清清楚楚地看到，她大大的眸子里，竟然镀着一层薄薄的泪光。

当天晚上，返回旅馆之后，母女俩齐齐躺在床上，她这才亮出了葫芦里所卖的药。

负笈伦敦三年，为了训练她的独立性，我和先生在她大学的假期里不让她回家，我们要她自行策划背包旅行，也希望她在英国试试兼职打工的滋味。

活泼外向的女儿，在家里十指不沾阳春水，粗工细活都轮不到她，然而来到人生地不熟的英国，却选择当餐厅服务员来体验生活。

第一天上工，她便闯祸了。

她被分配到厨房去清洗酒杯，那些透亮细致的高脚玻璃杯，一只只薄如蝉翼，只要力道稍稍重一点，便会分崩离析，化成一堆晶亮的碎片。

女儿战战兢兢，如履薄冰，好不容易将那一大堆好似一辈子也洗不完的酒杯洗干净了，正松了一口气时，没有想到身子一歪，一个踉跄，撞倒了杯子，杯子应声倒地，"哐啷、哐啷"连续不断的一串串清脆响声过后，酒杯全化成了地上闪闪烁烁的玻璃碎片。

"妈妈，那一刻，我真有堕入地狱的感觉。"女儿的声音还残存着些许惊悸。

"可是，您知道领班有什么反应吗？她不慌不忙地走了过来，搂住了我，说：'亲爱的，你没事吧？'接着，她又转过头去吩咐其他员工：赶快把碎片打扫干净吧！对我，她连半句责备的话都没有！"

又有一次，女儿在倒酒时，不小心把鲜红如血的葡萄酒倒在顾客乳白色的衣裙上，好似刻意为她在衣裙上栽种了一季残缺的九重葛。

原以为顾客会大发雷霆，没想到她反而倒过来安慰女儿，说："没关系，酒渍嘛，不难洗。"

说着，站起来，轻轻拍拍女儿的肩膀，便静悄悄地走进了洗手间，不张扬，更不叫嚣，把眼前这只惊弓之鸟安抚成梁上的小燕子。

女儿的声音，充满了感情："妈妈，既然别人能原谅我的过失，您就把其他犯错的人当成是您的女儿，原谅她们吧！"

的确，原谅别人，就是原谅自己。原谅别人的无意伤害，也是扩大了自己的心胸，不让自己受狭隘心理的束缚，这样也就原谅了自己"即将犯的错"。超棒女孩，一定会懂得原谅别人。

细节 37 宽容，就是以德报怨

以德报怨，是最大的宽恕，也是女孩仁慈宽容的最好表现。

最高境界的宽容，是以德报怨。当受到别人的伤害时，不仅给予原谅，而且在别人遇到困难时还给予帮助，这是何等胸怀？然而，这正是一颗宽容心的意义所在——宽，即恕。

在泰国的一个度假村里，一位满脸歉意的工作人员，正在安慰一位4岁大的西方小孩。饱受惊吓的小孩，已经哭得筋疲力尽了。

原来，那天小孩较多，这位工作人员一时疏忽，在儿童的网球课结束后，少算了一位，将这位小孩留在了网球场。小孩因为一人在偏远的网球场，饱受惊吓，哭得稀里哗啦的。

这位孩子的妈妈出现了，她没有半点责怪那位工作人员的意思，而是蹲下来安慰孩子："不哭了哦，已经没事了。看那位姐姐，她因为找不到你，多么紧张难过。现在，你必须亲亲姐姐的脸颊，安慰她一下！"

说也奇怪，刚刚还哭得肝肠寸断的孩子竟然真的踮起脚尖，亲了亲蹲在她身旁的工作人员，嘴里还说着："不要害怕，已经没事了。"

　　可见，以德报怨是一件多美妙的事。而母亲的态度，就是孩子的态度。也就是这样的教育，才能培养出宽容、体贴的女孩。

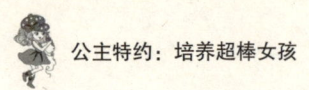

细节 38 宽容心，培养很重要

> "人之初，性本善"，女孩的宽容心来自于父母的精心培养。

宽容是一种品德，也是一种智慧。如果父母教会女孩学会宽容，那么她就掌握了跟任何人交往的一种智慧。可以说，女孩宽容心的培养非常重要。

▶▶ 父母以身示教

苏联伟大的教育家马卡连柯曾指出，父母"在开始教育自己的子女之前，首先应当检点自身行为"。让女孩学会宽容，父母自己首先应有宽容的品质。

如父母本人心胸狭窄，无视他人意见，习惯于将自己的

意志强加于人，不给人改错的机会，为一点小事争执不休，为一点小利斤斤计较，女孩又怎么能学会宽容呢？女孩是父母的影子，父母有一颗宽容之心，宽容的品质才会出现在女孩身上。

用故事教育女孩

故事是教育女孩的重要手段。国内外都有许多体现宽容品质的小故事，可借此教育女孩。如我国历史典故"负荆请罪"：将军廉颇屡建战功，不服蔺相如以口舌之功居上位，欲加凌辱。相如以国家利益为重，屡次忍辱避让。

廉颇知道原委后，深感惭愧。于是，背负荆条，上门请罪，并感叹道："鄙贱之人，不知将军宽之至此也。"两人遂成刎颈之交。此例正是蔺相如的宽容避免了内讧，换来了友谊，维护了国家的利益。

让女孩在大自然中得到陶冶

大自然是最生动的教材，是一本读不完的书。大自然的博大与雄浑可使人心胸开阔，性格开朗，心情愉悦，进而促使人们产生宽容之心。因此，家长应多带女孩游历祖国的大好河山，让浩瀚的海洋、奔腾的河流、秀丽的湖光山色陶冶女孩的心灵，开阔女孩的视野和胸襟。

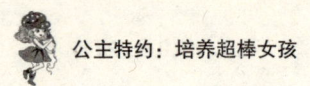
▶▶ 切忌在女孩面前展露偏激

父母不要对某些人和事物有偏见，更不要把这些偏见在女孩面前表露出来，从而让女孩在潜意识里也受到这种不好的影响，产生偏激的看法。

▶▶ 善待女孩的小伙伴

当女孩的小伙伴来自己家里时，父母对其他小朋友的态度不要过分冷落，也不要过分热情，尤其要教育女孩尊重小伙伴，让女孩平等地与人交往。

▶▶ 教女孩换个角度看问题

不管什么时候，父母都可以教女孩学会从别人的角度来看待问题，让女孩把自己置于别人的位置，设身处地站在别人的角度来思考问题。

总之，超棒女孩必然是一个宽容之人。要培养超棒女孩，家长就要让女孩宽以待人。

第七章

孝顺，以报三春之晖

引语：

孝顺是各种美德中占第一位的。一个人如果都不知道孝敬父母，就很难宽容别人，连自己的父母都不孝敬的人，一定是个自私自利的人。

细节 **39** 百善孝为先

> 孝顺是善良之首，女孩孝顺就不会缺少爱心。

所谓"百行孝为先"，反映了中华民族极为重视孝的观念。孝顺指为了回报父母的养育，而对父母权威的肯定，从而遵从父母的指点和命令，按照父母的意愿行事。

古代孝顺故事有：

孝感动天、戏彩娱亲、鹿乳奉亲、百里负米、啮指痛心、芦衣顺母、亲尝汤药、拾葚异器、埋儿奉母、卖身葬父、刻木事亲、涌泉跃鲤、怀橘遗亲、扇枕温衾、行佣供母、闻雷泣墓、哭竹生笋、卧冰求鲤、扼虎救父、恣蚊饱血、尝粪忧心、乳姑不怠、涤亲溺器、弃官寻母等二十四孝。

在大力倡导道德教育的今天，我们所说的"孝敬"早已不是昔日维护封建统治为目的的孝道了。愚孝不是我们所需要的，弘扬和培养民族精神，让女孩具有高尚的品德修养和人格魅力，才是我们孝敬教育的根本目的。

现在有许多父母，特别是母亲对自己的女孩过分关注和溺爱，只要女孩提出要求，无论合理与否，都是唯命是从。却不教女孩如何尊重父母、老人，不对女孩进行知恩图报的教育。这样的家庭环境和教育培养出来的女孩出现了许多问题，这要引起社会和广大家长的重视。

　　一些家长已经开始反省自己的教育方式，尽可能避免过分关注女孩，并从尊重家长开始入手培养女孩的孝心。其实，家庭生活里有许多事情都是教育子女尊重父母，培养子女孝心的好素材。

细节 40 孝顺是一种传承

孝顺是一种传承，孝顺的父母，就能培养出孝顺的女孩。

培养女孩的"孝心"，这既是中国人孝老、尊老、爱老、敬老风尚的需要，也是女孩健康成长的需要。

目前有许多独生子女的家长抱怨：现在的孩子只顾自己，不为家长着想，一点孝心也没有。

其实，这个问题并不在于独生子女本身，主要是因为独生子女家庭环境和家庭教育的特殊性使然。如果家长不懂得在家庭教育方式上尽可能避免产生女孩自私、骄横、依赖他人等性格缺陷的各种条件，那么，培养女孩的孝心只是一句空话。

所以说，女孩的孝心不是自然生成的，而是父母良好教育的结果。

家长要用最好的行为给孩子做出榜样。从孩子出生那天起，不管父母在主观上是否有教育的愿望，自己的一言一行都会对孩子产生耳濡目染的影响，它会一丝丝地渗透孩子的心田。

一个家庭的成人是如此为孩子做榜样的：

我们家是和老人住在一起的，晶晶爸是个非常孝顺的人，比如爷爷最爱吃的一款面包在我们家附近是买不到的，晶晶爸每周都会坐半个多小时公交车去那家店买，有时爷爷会说不要去了太远了，晶晶爸总说我不是特意去买的，我是要到那去办点事情顺便买回来的，其实我们都知道他是特意去的。在家里每个人都抢着做家务，所以家务很少会成为我们的生活负担，大家分担去完成。比如现在晶晶都是自己去上学，她每天早上6点多就起床了，而我其实9点到公司就可以了，我完全可以睡到8点起床，但是我依然会和她在同样的时间起床，晶晶有时会说："妈妈你为什么要这么早起呢？"我说："奶奶都起得好早，你以前小的时候我用在你身上的时间会多一点，所以奶奶总是得多做一些家务，现在你这么棒，自己的事情都能自己完成，那么妈妈的时间就多出来了，理应帮忙分担更多的家务。"所以，每天早上我会把家人的衣服都洗了，扫扫地、洗洗碗再出门上班去，这样奶奶的家务就可以减轻一些。

上个月我带晶晶回外婆家，晶晶平时很少去的，所以她会比较少看到我与外婆相处，在我回家的三天时间里，除了带外婆出去玩，在家里能做的家务我都在做，帮外婆洗厨房，洗地板，洗衣服，和外婆聊聊家常，让孩子明白孝顺要用实际行动，外婆也给晶晶说起小时候她妈妈在家是个怎样勤劳的孩子，从不用外婆操心。有一天，晶晶的姨婆来家里吃饭，饭后看到我抢着洗碗就问外婆，"姑娘回来玩几天还帮你干家务呀？"外婆说："是呀，她回来我就轻松了，什么活她都抢着干。"姨婆说："你们家的孩子就是比较孝顺，不像我无论在自己家还是去哪个孩子家都得自己干活。"外婆脸上笑开了花。当最后一天我们要离开的时候我看到外婆偷偷地在我的包里塞了个红包，我知道外婆的意思是要给晶晶的，我像往常一样没有阻止她，而是过后加上我要给外婆的零用钱连同红包一起找个地方放上，刚好晶晶看到了，问我在做什么，我说刚刚外婆在妈妈包里放了个红包一定是给你的，晶晶连忙说不能拿外婆的钱，她年纪大了赚钱不容易，我说我们家的晶晶就是这么的懂事，妈妈特别欣慰，现在如果妈妈直接把红包和零用钱给外婆，外婆肯定又不要了，我们得找个地方帮她藏起来，等上车的时候再告诉外婆放在哪里了。这时晶晶说，妈妈你最好多给外婆一点零用钱，要是你们带的钱不够的话我还有的，我可以全拿出来的。听了孩子的话我很是感动。

可以说，孩子是父母的翻版。父母的人生价值观和生活方式对孩子的影响是很重要的。

父母的榜样作用对女孩的影响很大。让女孩在父母的言传身教中受到熏陶，女孩的孝心也就自然而然地形成了。

细节 **41** 孝顺，也是一种感恩

孝顺，是女孩感恩父母的最好方式。

游子吟

［唐］孟郊

慈母手中线，游子身上衣。

临行密密缝，意恐迟迟归。

谁言寸草心，报得三春晖。

　　这首家喻户晓的古诗，流传千古。那句"谁言寸草心，报得三春晖"表面上是指草对阳光的感恩，实际上是我们对父母的反哺行孝的最好心愿。同时说明，我们怎么做都是还不了父母的恩情的，因为父母对我们的爱是无止境的，直到生命尽头。而行孝又是一代代相传的事，用因果关系来说，一还一报——你对父母感恩，女孩也会对你感恩，也只有这样，代代繁衍才有意义。

　　而现在的女孩都是清一色独生子女，他们被父母、爷爷、奶奶、外公、外婆等长辈如众星捧月般围着、哄着，极易养成以自我

为中心的自私性格。她们的自私表现在专横跋扈、小肚鸡肠、傲慢无礼、目中无人、责任缺失等等许多恶劣行为中。这些女孩不懂得关心父母，不懂得孝敬长辈，不懂得尊重他人。

让女孩学会感恩父母，是培养其孝心的基础。那么，如何才能让女孩感恩呢？那就是让女孩理解父母的艰辛。

▶▶ 跟孩子讲讲自己的工作情况

有人上街去做了一个随机访问，问孩子："你知道爸爸妈妈的工作单位吗？""你知道爸爸妈妈每天都做什么工作吗？"有些孩子什么都不知道，有些能说出父母所在的工作单位，至于父母每天都做什么工作就知之甚少了。

有人问一个男孩："你爸爸是做什么工作的？"

男孩茫然地摇摇头，说："我不知道，我只知道爸爸每天都很晚才回家，说是谈生意，陪朋友吃饭……"

为什么孩子会这样呢？原因很简单，父母从没有跟孩子讲过自己的工作情况。很多父母可能有这样的想法：工作是大人的事情，没必要和孩子说。而且，跟孩子说了，可能还会增加他的心理负担。即使孩子主动向父母问起工作的情况，很多父母也会简单地敷衍了事，有的父母甚至会说："小孩子问这么多有什么用啊？你现在的任务就是好好学习！"

结果呢？孩子不了解父母的工作情况，不知道今天的幸福生活是父母通过辛苦劳动创造而来的，甚至不知道父母的钱是从哪里来的，自然也就体察不到父母的辛苦。而且，孩子还会认为，父母供她上学，让她吃好、穿好、用好，都是天经地义的事情。那么，她就会无条件地向父母索取，问父母要钱买这买那，会变得好吃懒做、贪图安逸，会养成花钱大手大脚、盲目攀比等恶习。试问，这样的孩子会从心底里尊重、孝顺父母吗？恐怕很难。

对此，父母应该有意识地与孩子谈一谈他们的工作，可以告诉孩子他们的工作单位是什么、在哪里、如何去上班、每天要做什么，可以给孩子讲讲他们是如何靠努力工作来谋生的，是如何开创属于自己的事业的，也可以给孩子说说工作的细节、工作中的酸甜苦辣，等等。

▶▶ 带孩子去工作场所看一看

如果父母只是口头上对孩子说"工作很辛苦"、"挣钱不容易"，孩子的印象不会太深刻。其实，父母可以带孩子去自己的工作场所看一看，让孩子看看自己辛勤工作的身影。当孩子亲眼目睹父母的工作环境，了解到父母的工作内容之后，就会明白幸福生活来之不易，感受到挣钱的不容易，体会到父母的辛苦，自然就会懂得帮助父母减轻负担，懂得关心和体谅父母。

【故事一】

一天，12岁的清敏对妈妈说："妈妈，我们班很多同学都有笔记本电脑了，我也想买一台。"

"说得轻巧，你知道买个笔记本电脑要花多少钱吗？"

"不就三四千块钱吗？您和爸爸挣钱那么容易，难道连这三四千块钱都舍不得给我花吗？"

"这样吧，妈妈考虑考虑，之后再给你答复。"

周末，妈妈要加班，便把清敏带到了自己的工作单位，让她坐在一旁看看自己是如何工作的。原本，清敏认为妈妈上班挺清闲的，偶尔接个电话，没事就喝喝茶水，看看报纸。没想到，妈妈这一天就没闲下来，一会儿伏案工作，一会儿去打印资料，一会儿又要联系业务……

打那之后，清敏再也没提买笔记本电脑的事情。

清敏之所以不再向妈妈提起买笔记本电脑的事情，是因为她亲眼目睹了妈妈忙碌的工作，真切感受到了妈妈工作的辛苦。这样一个过程，不仅会让孩子理解我们劳动的价值，体会我们工作的辛苦，还可以让他明白"工作"的真正含义，为他将来走向社会做好铺垫。

【故事二】

2009年暑假，为了让中小学生亲身体验到父母工作的艰辛和不易，上海市学生德育发展中心给中小学生布置了一项特殊的暑假作业——走一走父母每天上班的路。

小黄是一名小学生，她是一个单亲家庭的孩子，从小跟着爷爷奶奶一起生活，爸爸是火车站的搬运工。虽然家庭条件不是很好，但是爸爸总会尽力满足她的要求，而她一直认为爸爸所做的一切都是理所当然的。

在小黄第一次踏上爸爸上班的行程之后，她在日记中写下了这样一段话："火车站里穿着时髦的人川流不息，看着爸爸戴着红帽子，穿着破旧的工作服，汗流浃背地扛东西、搬东西，一天下来都没有停过，我眼泪忍不住就流下来了。以前我老是催着爸爸给我买漂亮衣服；家长会时，因为嫌弃他文化水平低，穿着邋遢，我从来不让他参加。今年家长会我一定要让爸爸去！"

还有一名初中生叫嘉嘉，和妈妈一起上班时，她一直都在帮妈妈看店，看着妈妈与买主讨价还价。一天下来，妈妈辛辛苦苦只挣了两三百元。在回家的路上，嘉嘉一直拉着妈妈的手，不停地问妈妈累不累。回到家之后，嘉嘉主动提出和妈妈一起做晚饭。

▶▶ 给女儿创造"工作"的机会

在节假日的时候，父母可以有意识地给女儿创造"工作"的机会，比如，让女儿去快餐店、小卖店打工，推销一些小物品，做小时工，发宣传单，送牛奶，送报纸，等等。

对于年龄小的女孩子，我们最好陪在她的身边，一来可以随时保证她的安全，二来可以给予她恰当的指导和帮助。对于年龄大的女孩子，我们可以放手让她为自己创造"工作"的机会，体验一下找工作的不容易。

通过一次次"工作"体验，女孩子就会深切地体验到工作的辛苦，明白挣钱的不容易。当然，她也会意识到父母的辛苦，从而珍惜父母的血汗钱，学会孝敬父母、感恩父母。

细节 42 孝，表现于生活点滴中

女孩所有的孝行，都在点滴生活中体现。

孝顺，是由一件件细小的事情串联起来的。比如，让女孩帮忙做点家务、送点礼物、孝敬老人等。教育子女孝敬长辈的一般要求是：听从长辈教导，关心长辈健康，分担长辈忧虑，参与家务劳动，不给长辈添乱。

要把这些要求变为女孩的实际行动，就应当从日常小事抓起。

晓玉10岁了，爸爸妈妈对她宠爱有加，晓玉虽然很喜欢自己的爸爸妈妈，却不知道去心疼他们。每天晚上，爸爸妈妈拖着疲惫的身体回到家里，晓玉还硬要父母陪她玩"骑大马"，边玩还边催促着做晚饭。

晓玉的爸妈经常为此而感到伤神。他们也明显地意识到，自己对孩子的宠爱让晓玉丧失了孝敬父母的意识。

于是，晓玉的爸妈决定：从生活小事做起，培养晓玉的这种意识。

有一次，晓玉来了兴趣，要尝试自己洗碗筷。若放在以前，妈妈是不会答应的，可是，这一次妈妈痛快地答应了晓玉。第一次洗碗筷，晓玉感到十分费劲，力气大了，怕碗碟破碎，力气小了，怕洗不干净。

晓玉这时问起妈妈："妈妈，你平时刷锅洗碗也这么累吗？"妈妈说："虽然我力气要比你大些，不过每次洗那么脏的碗筷，也是很累的。"晓玉听完后，想了想说："妈妈，我现在长大了，以后我来洗家里的碗筷吧。"

妈妈听了晓玉的话，心里不知有多高兴，并立即夸奖晓玉说："女儿懂事了，知道心疼妈妈了。"听了妈妈的夸奖，晓玉高兴地笑了。从此以后，晓玉变得懂事多了，知道主动帮爸爸妈妈承担一些家务。对于自己的爸爸妈妈，晓玉也懂得关心与体贴了。

总的来说，培养女孩的孝心，在于点滴行动里。而超棒女孩，必定是一个懂得感恩、孝顺父母的好女孩。

细节 43 她为你，她开心

女孩能为父母做事，往往很有成就感，应该得到父母的赞赏和鼓励。

让女孩获得表达孝心的机会。女孩表达孝心需要实践，如果一直没有恰当的机会，总有孝心也无从表现，久而久之，那颗孝心也被淹没了。

作为家长要懂得"舍得"教育：父母不要因为担心女孩"疲劳"、"做不好"、"学习分心"而不给她们表达的机会。

曾有一位母亲卧病在床，14岁的女儿主动要求为母亲熬药、做饭，但这位母亲犹豫再三，最后不但支撑着下床熬药，还自己动手做饭端给女儿吃。"母亲即使生病了也用不着我的帮助！"女孩心中产生了这样的想法，日常生活中对父母的劳累和难处就变得不闻不问。

其实，给女孩参与家庭事务的机会，能增强她对家庭的责任感。久而久之，才有可能培养出女孩的孝心。

所以，女孩一旦表达了孝心，父母应该及时表现出欣慰和满足，必要时还应给予必要的鼓励，让女孩体验其中的快乐和成就感。只有获得这些幸福感，女孩才可能继续表达孝心，从而养成孝顺的好品质。

人的天性都是喜欢得到肯定和鼓励的，何况是纯真无邪的女孩，她们会很直接地表现出被赞扬或鼓励后的快乐和动力。所以，要培养女孩的孝心，赞扬和鼓励是必不可少的。

细节 **44** 别轻易指责她"不孝"

> 轻易指责女孩"不孝"，往往使她失去孝顺的信心和动力，很不可取。

对于不谙世事的女孩来说，"不孝"是一种乌有的罪名，更是一种冤枉。女孩的天性会使她们常常"犯错"，尽管这些"错误"往往看起来也只不过是父母过分要求而不得的结果。

如果父母仅仅因为女孩不听话而指责女孩"不孝"的话，那么长大后的女孩很可能就是不孝的。因为，女孩在心里会暗示自己的"不孝"，就会更加"不听话"，更加反叛，最终导致她们对父母的不闻不问。

有位9岁的小女孩，刚读三年级，但她平时不爱学习，只爱帮妈妈干活。父母很忙，不能亲自辅导她学习，又不能阻止她干活，非常苦恼。

但是，她很有爱心，特别爱护家里养的小狗，也经常偷偷帮助妈妈做家务。但是，母亲每次都以学习不好为由，不领女孩帮忙的情，还总是威胁说以后再做什么就会怎样。女孩很害怕，有一段时间没扫地、抹桌子了。

可是有一个周日早上，她给狗狗洗了澡后，心情大好，便开开心心地又擦起地来。其实，这个时间她应该看课外书的，可是她忘了。当她兴致勃勃地拖着地时，妈妈买菜回来了，一看她那乐在其中的样子，气不打一处来，就一把抢过拖把，大声呵斥道："谁让你一大早又拖地了，该看的书不看！"她很震惊，也很不知所措……

　　女孩的"不孝"不是女孩自己愿意的，而是被逼的。换句话说，只有善解人意的父母，才能培养善解人意的女孩，而善解人意的女孩必然懂得感恩和行孝。尤其是天性善良温顺的女孩儿，父母只要让她知道该怎么做，她自然会做得很好。若是受到指责，受伤更重的她便可能更加叛逆。

　　总之，培养超棒女孩，孝心是她的魅力所需。

细节 45 孝心，也是一种责任感

有孝心的女孩，家庭责任感往往会自然形成。

像父母养育儿女所负的不可推卸责任一样，孝顺父母或长辈也是一种责任。由此可见，孝心其实也是一种责任感。

从小培养了女孩的孝心，也就培养了她的家庭乃至社会的责任感。

▶▶ 建立合理有序的家庭关系

所谓"合理"，是指全体家庭成员（包括子女）之间首先是民主平等的，父母要尊重女孩的独立人格，尤其是在处理女孩自己的事情时，一定要充分听取她的意见。

同时，女孩应当在父母的指导帮助下生活、学习。现在，不少的家庭中，女孩是"小太阳"，家长变成围着女孩转的侍从，这就为女孩形成以自我为中心的小公主性格提供了土壤，更谈不上形成孝敬父母的好习惯了。

因此，我们要让女孩明白自己与父母的关系，知道父母是长者、家庭生活的主事人，不能颠倒主次，任女孩在家庭里逞强胡闹。

▶▶ 从小事着手培养女孩的孝心

教育子女孝敬父母的一般要求：听从父母教导，关心父母健康，分担父母忧虑，参与家务劳动。要把这些要求变为女孩的实际行动，就应当从日常小事抓起。比如：

要求女孩每天要问候下班回家的父母；当父母外出时，女孩应提醒父母注意天气变化等；女孩应承担必须完成的家务劳动。

让女孩不断增强孝敬父母的观念，让她知道父母养育了她，她应为父母多做事。

▶▶ 以身作则，给女孩提供孝顺的楷模

女孩对待父母的态度，直接受父母对待长辈态度的影响。因此，父母要时刻不忘照顾年迈的双亲。

如果平时因居住地较远，工作较忙，不能和老人朝夕相处，那么在休假日要尽量抽时间带上孩子去看望老人，帮老人做些家务，与老人共聚同乐。

如此，天长日久，女孩耳濡目染，也会逐步养成尊敬长辈、孝敬父母的好习惯。

总之，行孝就是责任感的体现。一个懂得孝顺长辈的女孩，不会缺乏家庭责任感，乃至社会责任感。培养超棒女孩，就是要在家庭生活中赋予女孩一份这样的责任感。

第八章

聪慧，敏而好学心自慧

引语：

聪慧，是一个女孩高智商的表现。智商，既有天生部分，也有后天培养部分。对于儿童而言，每种智能的获得都有一个敏感期。智能敏感期是自然赋予幼儿的生命助力，让儿童在敏感期内培训相应的技能，就可以充分发挥他们的潜力，让他们日后更优秀。

细节 **46** 及时挖掘她的智力

及时挖掘女孩的智力潜质，是培养出超棒女孩的关键。

意大利幼儿教育家蒙台梭利指出："孩子的智能发展有其敏感期，抓住敏感期进行科学、系统的教育是培养超常智力结构的重要一环。"

虎年伊始，华夏爱婴教育集团就"早期教育是让女孩多玩还是多学"这一话题，对全国240家加盟园所中的200家加盟园所的家长做了一次调查。约21.3%的家长选择了"应该让女孩多学"；58.6%的家长认同"应该让女孩多玩，游戏本身就是一种探索学习"；18.1%的家长选择了"现在竞争这么激烈，我们不得不让她多学习"；3%的家长选择了"看女孩的兴趣，无所谓"。

这些都代表了家长们的心声，那我们就来看看他们怎么说。

▶▶ 观点一：应该让女孩多学

悠悠妈妈：

大部分的女孩上了幼儿园以后家长都要给她们报这样那样的特长班，学习任务重时间紧，上了小学以后负担就更重了。当下这个阶段，宝宝没那么大的压力，抓紧时间多培养她的学习兴趣。多学习一点，以后上了幼儿园、小学就可以学习别的东西，让她始终走在别人前面。

点点爸爸：

我们家学习氛围很浓，我得感谢我爸妈从小注重我的学习，所以我才能一路领跑别人，学习成绩优秀，工作出色。我觉得从现在开始就让宝宝在这样浓厚的学习氛围中成长，她养成了习惯，以后上学能比别人适应。而且学知识也可以很快乐的，寓教于乐的学习让女孩得到的更多。所以，我认为学知识是非常有必要的，是一定要学的。

▶▶ 观点二：应该让女孩多玩，游戏本身就是一种探索学习

北北妈妈：

我是做教育工作的，我深刻地体会到让女孩在充满游戏的环境中成长，对她的成长有多么重要。女孩从出生的那一刻开始，就是在探索中认知和学习。像女孩学习抬头、学习翻身、学走路、学习拿勺子等等这些，可能很多人认为是玩！其实这些都是孩子在学习。人生很漫长，不是学了几个字、会背几首诗、会背百家姓这么简单！所以我觉得要让女孩在家长的引导下多玩些游戏。

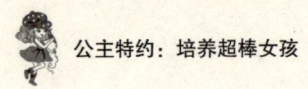

水水妈妈：

现在女孩上了幼儿园、小学就有数不尽的特长班、补习班，小小年纪拖着沉重的小书包，我觉得好可怜。如果我们再不让女孩玩，她的人生，多么沉重啊！

▶▶ 观点三：现在竞争这么激烈，我们不得不让她多学习

佳佳爸爸：

在没有社会竞争压力的前提下，任何一个家长都希望女孩不是一个书呆子，而是综合素质全面发展，但现实并不允许。我们希望通过早期教育，希望女孩能多学点东西，能尽早地学会一些知识，好在这个竞争激烈的社会上站稳脚跟。

娜娜妈妈：

童年的快乐和自由是重要，可是，现在社会竞争这么激烈，不早点学东西的话，就会落后于他人，没有知识就是落后。以前是笨鸟先飞，现在聪明的鸟也要先飞，不然就赶不上时代，很难在社会上立足！

▶▶ 观点四：看女孩的兴趣，无所谓

跃儿妈妈：

我认为如果在女孩童心未泯的时候给她太多的压力只会适得其反。应该给女孩适当的空间在玩乐中启发她的脑力，当然也可以适当给她安排学习的机会，不要加压。她愿意玩就让她玩，愿意学就让她学，让宝宝在游戏中收获快乐，这对女孩的健康成长至关重要。人都有自己的长处和短处，不愿意读书的人并不是没有长

处，只是看她的爱好如何了。有的人不愿意读书但她喜欢画画；有的不喜欢读书，但她喜欢体育；有的不喜欢读书，但她喜欢唱歌；不要总想着让她学习成绩要怎么样的好。兴趣很关键，所以看女孩自己了，玩还是学无所谓啦！

尽管家长们对女孩的早期教育持有不同的观点，但有一点不可否认：多动手，脑筋更灵活。换句话说，让女孩在实践中学知识，效果会比"死记硬背"好得多。女孩多好静，但聪明机灵的小丫头往往是好动的，妈妈要顺势引导。

细节 **47** 越玩，她越棒

> 游戏伴随着女孩成长，女孩在游戏中会展现出聪明才智，自然就越来越棒。

　　游戏，是儿童生活中的一部分，它与儿童的身心成长密切相关。无论家长们是赞同儿童多玩或是多学，都无法改变游戏对儿童身心发展的意义。儿童通过游戏活动获得知识和道理，对世界有了初步的了解，并以此为基础登上更高的人生台阶。

　　适合女孩玩的游戏种类有：

★ 身体性游戏

　　着重于儿童身体机能的发展。包括手足运动，如跳舞、捉迷藏、跳绳、滚铁圈、拔河、打篮球等；口耳运动，如唱儿歌、数羊羊、数星星等。

★ 体验性游戏

　　模仿现实生活的活动，让孩子通过想象体验角色的扮演，人与人之间的交往。如过家家、当医生等。

⭐ 获得性游戏

获得性游戏是一种艺术性游戏，可使儿童的艺术能力得到发展，如听故事、看书、看动画、演戏等。

⭐ 创造性游戏

在成人的指导下，由儿童自己动手进行创造活动。如工艺品制作、剪纸、玩拼图、搭积木和用女孩的充分的想象力发明游戏，这有利于增强女孩的大脑思维。

儿童通过游戏活动在现实和想象的空间中体验到各种新鲜的感受，学习到各种新的知识，构建起自我身心发展的"里程碑"。同时，灵活地让女孩玩儿童游戏可以让她有一个快乐的童年。这种女孩会非常活泼开朗，智力也会很高。

总之，益智游戏是儿童成长中的好帮手，能够让孩子获得快乐的童年。女孩也需要在游戏中发挥灵性，以便更好地学习更多的知识。

细节 48 语言，从小开始培养

语言是小女孩最早的天赋，需要父母细心挖掘、从小开始训练。

很多研究已经表明，如果父母能够在女孩童年时代，把女孩当作大人一样，不停地和她聊天、探讨甚至争论，那么在这种环境下成长起来的女孩，将比那些跟随着"沉默是金"的父母一起成长的女孩，拥有更丰富的词汇量和更清晰、多样的表达方式。

一般来说，宝宝的语言敏感期出现在1～2岁，这期间宝宝对语言特别敏感，细心的父母会发现，宝宝开始喜欢模仿各种声音，重复别人的话，学着打电话，有时还会说出令人头疼的"诅咒语"和"脏话"。面对宝宝在语言敏感期的种种表现，我们要正确地引导，巧妙地应对，才能为女孩以后的语言表达能力打下坚实的基础。

到了4岁左右，女孩的神经系统发育已完成95%，3岁女孩的词汇量有800～1000字，而4岁女孩的词汇量有1600～2000字，5岁女孩词汇量有2200～3000字。这些数字表明，4～5岁是女孩积累词汇量的最佳时期。4岁左右也是女孩语言发展的里程碑，这个年龄段的女孩词汇量增加，口语表达能力迅速发展。

▶ 专家建议

★ 语言敏感期适当对女孩进行阅读训练

一旦女孩口语变得丰富，就会进入学习书面语言的阶段。要适当地对女孩进行阅读训练，可以用识字积木、识字卡片或图画

书等形式，帮助女孩进行语言学习。这些不仅可以增加女孩语言词汇量，还是女孩获取外界信息、训练思维、发展想象的重要手段。

★ 语言敏感期和女孩一起做游戏识字

教女孩识字并不仅仅局限于书本和识字卡，生活中处处都有女孩识字的情景。例如我们常带女孩去超市购物，可以利用这种真实的环境认识各种蔬菜和水果的名称。回到家还可以布置卡片超市，做购物游戏。在这种情境中，女孩不但把字与实物对应了，而且也很乐于接受，认得快记得牢。

▶ 家长经验

★ 说说说，不停地说

把日常生活中发生的每一件事情，通过清晰准确、生动形象的表达告诉女孩。当女孩坐在澡盆里洗澡的时候，你可以不停地对女

孩讲："小肚皮上是不是觉得温温的？""你听，洗澡水溅在澡盆上'哗哗'的声音……""好了现在该出水了。看看小手指的指腹，泡在水里的时间长了，都起了小皱褶。"

总之，运用你的经验和所有感官，帮助女孩增加体验，并且学会如何描述。

⭐ 书籍是人类进步的阶梯

读书，从多早开始都不算早。而女孩从小养成的阅读习惯，将很大程度上影响到她今后的学习习惯。所以，只要有可能，从女孩很小就开始带着她一起读书吧。你们可以先从一张、两张卡片开始，然后过渡到配有很多插图的彩绘本，最终慢慢进入以文字为主的阅读。

⭐ 一起听歌唱歌

歌曲是女孩们接受和掌握语言的最佳形式，她们在学会旋律的同时，自然而然就记住了歌词。所以，每天安排一些时间和女孩一起听歌、唱歌。唱的过程中，你可以配合上相应的手势，帮助女孩理解歌词的意思。

⭐ 不要小看讲故事

经典的儿童故事，不单能够教给女孩勇敢、诚实、勤劳和爱，同时也是一个非常好的语言学习课堂。而且，对于不是非常善于言辞的父母来说，讲故事是教给女孩良好表达方式的捷径之一。

不过，父母还是要提前做一些功课的。首先，挑选那些比较精致的译本，无论翻译还是插图，都应该和一流的故事内容相匹配。其次，自己先浏览一遍，不要边讲边看，那样会严重破坏女孩的收听兴趣和故事的吸引力。最后，如果故事内容里面有你不认可的部分，可以进行适当改编。

⭐ 不要指正女孩的发音

女孩在学习语言的过程中，肯定有吐字不清晰，甚至沾染了其他口音和错误发音的地方。这个时候家长不要模仿，更不要嘲笑她，你只要用正确的发音重复一遍她的话就可以了。敏感又聪慧的小家伙并不需要很长时间，就可以在你若无其事的影响下，学习到正确的吐字发音。

⭐ 有节制地使用电视和教育软件

父母不要因为女孩能够重复某个电视广告词而心花怒放，其实这是对女孩强大的语言模仿能力的一种浪费。按照美国儿科学会的观点，2岁以内的女孩是不应该看电视的，而2岁以后，也仅限于每天40分钟以内的教学片。因为电视里充斥了大量的不规范语言，而且无论是电视节目还是电脑学习软件，都很难做到与女孩之间的相互表达，所以它们对于提高女孩的语言表达能力，具有一定的局限。

★ 多带女孩出去玩

多带女孩出去玩，让女孩阅读大自然这本大书，更好地提高女孩的阅读能力。动物园、海洋馆、博物馆不仅仅是帮助女孩多认识些动物、植物那么简单，还可以拓宽女孩的知识面，进而激发女孩的求知欲。所以多带女孩接触外界，多见世面，绝对是有好处的。

总之，女孩的语言能力要从小培养。女孩的语言敏感期相对于男孩更早一些，妈妈要注意不要批评、打击爱"吵闹"的女儿，而是要有意识地培养她的语言表达能力。如阅读、讲故事、对话都是培养女孩语言能力的有效方式。

细节 **49** 帮助，让她爱学习

> 聪明的父母，会巧妙地为女孩设计情景，让她对学习产生兴趣。

犹太人一直以来被公认为是一个优秀的民族，他们凭着聪明勤劳在世界的很多地方拥有着出色的成绩。他们的智慧从何而来？请先来看看他们的家教秘方：

★ 书本是甜的

在犹太人家里，孩子稍微懂事，母亲就会翻开圣经，滴一点蜂蜜在上面，然后叫孩子去吻圣经上的蜂蜜。这仪式的用意是，书本是甜的。犹太人家庭还有一个世代相传的传统，那就是书橱要放在床头。要是放在床尾，就会被认为对书的不敬。联合国教科文组织1988年的一次调查表明，在以犹太人为主要人口的以色列，14岁以上的人平均每月读一本书；在人均拥有图书和出版社以及每年人均读书的比例上，以色列超过了世界上任何一个国家，为世界之最。

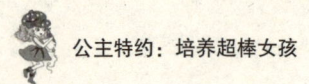
★ 知识即智慧

犹太人家庭的孩子，几乎都要回答这样一个谜题："假如有一天你的房子被烧毁，你的财产被抢光，你将带着什么东西逃跑呢？"如果孩子回答的是钱或财物，母亲将进一步问："有一种没有形状、没有颜色、没有气味的宝贝，你知道是什么吗？"要是孩子回答不出来，母亲就会说："孩子，你要带走的不是钱，也不是财物，而是智慧。因为智慧是任何人都抢不走的，你只要活着，智慧就永远跟着你。"

诺贝尔奖获得者、美籍犹太人赫伯特·布郎说："我的祖父常问我，为什么今天与其他日子不同呢？他总是让我自己提出问题，自己找出理由，然后让我自己知道为什么。我的整个童年时代，父母都鼓励我提出疑问，从不教育我依靠信仰去接受一件事物，而是一切都求之于理。我以为，这一点是犹太人的教育比其他人略胜一筹的地方。"

犹太人的智慧教育告诉我们，要培养超棒女孩，父母要做到：

▶▶ 为女孩创造良好的学习气氛

良好的家庭氛围，对于女孩的影响是不可估量的。父母通过自己的行为，为女孩营造勤奋好学的家庭氛围，让女孩从小产生学习的兴趣，这样才能使她们主动拿起书本，主动地追求知识，真正地学会学习。

父母想要让女孩专心学习，首先自己要安静下来，在女孩学习的时候，不要分散女孩的注意力，如不看电视、不大声说笑，选择安静的活动，如看报纸、看书等，让女孩在父母的潜移默化中，学会专心致志地学习。

父母最好为女孩准备一个独立的书房，给她提供安静的学习环境。一间独立安静的书房，容易让女孩静下心来，把心思放在学习上，不受外界无关信息的干扰，因此学习效果也更佳。

此外，父母应该努力帮助女孩排除学习的干扰因素，例如，规定女孩不能把玩具带进书房，写作业时不要接待朋友或同学。

▶▶ 帮助女孩制定合适的学习目标

没有明确的目标，女孩的学习就会停滞。合适的学习目标，是女孩前进的方向和动力，可以激励女孩主动发掘自身的潜能，积极地学习。所以，父母帮助女孩制定合适的学习目标，具有重要的意义。

欣欣今年上小学五年级，学习非常勤奋，成绩却不太好，每天的学习没有计划性，也没有给自己制定过学习目标。

妈妈建议她制定学习目标，可是她却说那样多浪费时间啊，还不如多做几道数学题呢。妈妈认真地对她讲目标的重要性。在妈妈的督促下，欣欣制定了自己的学习目标，立下规定，每天必须掌握当天学习的知识，力争在下次考试中前进5个名次。

在学习目标的激励下，欣欣的学习劲头增强了，成绩果然也有

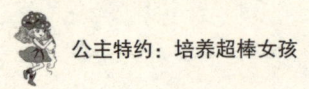

了起色。

帮助女孩制定学习目标时，父母应该充分尊重女孩的意愿，在深入了解女孩的自身特点和想法之后，和女孩一起制定学习目标。同时，父母应该告诉女孩，把大目标分解成一个个小目标，最好具体到每一天需要完成的目标。将长期目标和短期目标结合起来，女孩的学习会更有目的性和方向感。

一旦女孩的学习目标和现实脱节，父母要及时修正，让目标符合女孩的实际情况，只

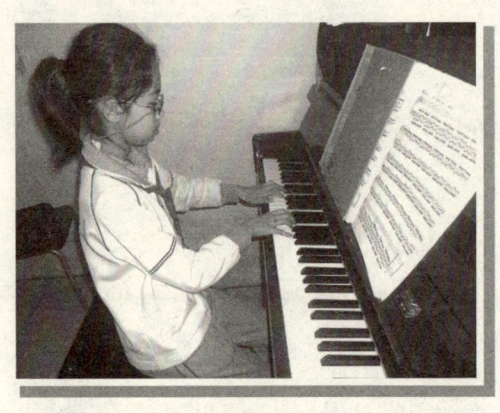

有这样，学习目标才会发挥应有的作用。女孩有了自己的学习目标之后，父母要监督女孩的执行情况，鼓励女孩按照目标进行学习，只有将目标坚持到底，才能取得理想的效果。

▶▶ 教给女孩科学的学习方法

现代社会，知识更新速度加快，女孩需要掌握各种信息，只有具备良好的学习能力和科学的学习方法，女孩才能主动接受各种知识，不断完善和充实自己。学习方法是女孩学习的催化剂，可以帮助女孩战胜自主学习过程中的各种困难，让女孩轻松地获得知识。

成绩优异的女孩，并不是那些终日刻苦的"书呆子"，她们比

其他同学更注重游戏和玩乐，学习生活非常开心，重要的是她们会学习，掌握了科学的学习方法。科学的学习方法应该是集预习、听课、复习为一体的。父母要帮助女孩掌握正确的预习、听课、复习的方法。

预习是女孩学习的关键，只有学会预习，才会逐渐培养起自我学习的能力。父母可以帮助女孩制订预习计划，合理把握预习的时间。

而课堂学习，是女孩获得知识最有效的方式。父母要教育女孩珍惜课堂时间，认真听讲，做好课堂笔记，在课堂上积极回答问题，敢于提问。

"温故而知新"，善于复习的女孩才会更好地掌握知识。父母要帮助女孩安排复习的时间，根据遗忘规律选择恰当的复习方法，帮助女孩检查复习的效果。

▶▶ 让女孩养成良好的学习习惯

如果女孩能够在少年时期养成良好的学习习惯，那么她便会将追求知识、努力学习当成生活中重要的事情来对待。

学习习惯一旦形成，便会日积月累地对女孩的学习产生影响。良好的学习习惯会使女孩向好的方向发展和变化，而不良的学习习惯则会使女孩丧失学习的热情，延误个人的发展。

他山之石

马可尼是1909年诺贝尔物理学奖得主。他从小失去了爸爸，妈妈将所有的心血都倾注在他的身上。他没有辜负妈妈的期望，非常懂事，每天都勤于苦读，养成了良好的学习习惯。

他所在的农庄有一座藏书楼，里面的书籍涵盖了物理、化学、数学、天文等各方面，当他第一次见到这些书的时候，就爱上了它们，且每天沉浸其中，如饥似渴地汲取着知识的营养。

马可尼不满足于看书，还亲自动手实践。他整天埋头于读书和做实验中，亲友都害怕他的身体受不了，就决定"绑架"他。有一次，亲友趁他睡觉的时候，用黑布蒙住他的眼睛，将他抱到妈妈的房间内，还锁上了门。可是，第二天早上的时候，却发现天窗开了，原来马可尼越窗而出，回到阁楼上看书去了。

1899年，他成功地进行第一次用电波传递信息的实验，开辟了信息传播技术的新篇章。

正是因为惜时如金、埋头苦读，马可尼学到了广博的知识；正是因为他锲而不舍地做实验，才掌握了熟练的实验技能，这一切，都源于马可尼强烈的学习意识和良好的学习习惯。

▶▶ 提高女孩的自学能力

在学校里学到的知识是有限的，只有具备了良好的自学能力，才能保证女孩可以随时根据时代和社会的发展需要进行学习，不被社会所淘汰。

要让女孩学会自学，首先需要增加女孩学习知识的动力，使女孩对学习保持积极的兴趣；教给女孩自学技巧和基本方法，比如学会使用工具书来查阅自己所不知道的内容，学会自己探索未知的领域；还要帮助女孩克服懒惰的坏习惯，自觉将学习作为增加知识的手段。

女孩具备自学能力后，就可以变被动为主动，真正成为学习的主人。

▶▶ 判断孩子不喜欢学习的原因，并帮助解决

女孩子不喜欢学习的原因非常复杂。如果我们加以探讨就会发现实际上并不是孩子不喜欢读书，而是某种因素导致的，如上学被老师批评了，读错了字遭同学的讥笑，想看电视却被迫写作业等等。这些原因逐渐在内心堆积起来后，渐渐地对学习失去了兴趣。父母首先要和女儿自由沟通，以温和的态度和女儿探讨为什么不喜欢读书。探讨时，女儿什么话都可以说，不管她的理由多么可笑，父母也不可责骂或取笑。当她把不喜欢读书的理由都说出来之后，她自己就会发现她不喜欢学习的原因并不是学习本身，而是被老师批评了，不自信，想看电视等原因。父母了解她的问题所在，就要为她解决。例如，可以和老师谈谈孩子的情况，在她喜欢看的电视节目播放时，先让她把电视看完再去学习等，这样可以帮助她解决学习上的障碍，恢复她对学习的兴趣。

细节 50 引导，促她勤思

对于不谙世事的小女孩，父母要多多引导，激发她的好奇心，促使她思考。

"动脑筋"是女孩认识世界的根本途径之一。在许多独生子女家庭中，女孩的双手只用来做功课和玩电子游戏机，其他事情一概靠大人。习惯于饭来张口、衣来伸手的女孩不仅双手闲置，灵气也丧失殆尽。

对于这些女孩来说，笨手笨脚、懒散怠惰，动脑筋更是伤脑筋的事。为了避免女孩出现这种情况，父母要这样做：

▶▶ 通过兴趣培养女孩动脑习惯

"兴趣是最好的老师"，女孩若对某件事有浓厚的兴趣，就会集中思想和注意力，就会想方设法克服种种困难来达到自己的目的。

▶▶ 要循序渐进培养女孩动脑习惯

父母对不爱动脑筋的女孩不可提出太高的要求，而要根据女孩的实际，从最直接、最容易思考的问题入手，如比较两事物的异同，然后逐渐加大难度，让女孩通过自己的努力解决遇到的困难。

▶▶ 让女孩在活动中学会动脑

3～6岁的女孩，对抽象的理论不易理解，因此，光有说教不行，父母要创造动脑筋的环境，开展一些健康、有益的活动，在活动中启发女孩的智力，如搞家庭数学游戏、家庭猜谜活动、家庭智力游戏、中秋赏月晚会等，将数学、智力题融入活动之中。

▶▶ 让女孩在观察中学会动脑

可边观察边提出一些问题，如引导女孩观察季节的变化，观察动植物的特征，耐心地解答女孩提出的一些问题。

▶▶ 激励，让女孩在成功的喜悦里爱动脑

哪怕女孩只取得微小的进步，父母也不要放过，要及时地给予肯定，热情地鼓励。

另外，家长也应该让自己的女儿分担一些力所能及的家务事或工作，这对她们心智与精神的成长都有积极的作用。女孩在工作中不但学习了做事的方法和良好的工作态度，同时也学会了动作协调的灵巧能力和空间关系的能力，这些都能促进她们思考能力的发展。

总之，女孩思考能力的培养，需要家长的巧妙引导。超棒女孩，必然是一个爱思考、会思考的人。

细节 51 动手，学习更好

> 女孩多动手做事，可以促进脑力发展，学习也会相对更好。

对于小女孩，可以让她动手去做的工作有很多，例如做家务，做习题。家务包括自己整理房间、抽屉、文具、玩具。做习题也一样，不是能写出答案就算完了，而是一步步地把演算过程写在纸上。

这个过程还可以培养女孩的责任感，自己要对自己做的事情负责，承担责任。家长可以监督女孩，但不要替代女孩去做，包括不要帮助她检查作业。检查作业是女孩对自己行为承担责任和后果的一个重要步骤，如果这一步由家长代替，实际上是家长替女孩承担了行为后果。而家长成为仲裁者也减轻了女孩的责任感，使女孩对自己的行为没有责任意识。

明月是在结婚后，发现自己的很多毛病。

明月受父母影响，喜欢读书，而且从小到大，一直忙于功课，几乎没做过什么家务。明月的妈妈对家务也不太在行，明月的妈妈崇拜知识和学问，有时间就看书，钻研业务，对于怎么把家里的生活弄得舒适漂亮，从没花费太多的心思。耳濡目染中，明月也养成了对生活稀里糊涂的习惯。

但是结婚后，明月自己做了女主人，她发现自己没有能力做好妻子和母亲的角色。比如她不会整理衣柜，衣柜买回来后，对于空间的利用，是需要主人再次开发的。可是明月没有概念，她不知道怎么把衣服放进去才能让空间更合理，使用更方便。于是，所有的衣服摆进去后，取放几次就乱了套，找东西不方便不说，一开柜门，衣服就噼里啪啦地掉下来。

明月想，还是空间小，以后换个大房子，有个大衣柜就好了。

有了大房子后，也有了大衣柜，但是，情况依然如此。这时明月发现，自己还有很多问题都可以同做家务的无能联系在一起。比如她逻辑思维混乱，在做家务时很多东西没有明确的归类，东西随手乱放，然后要用的时候总是不知道东西在哪儿。她经常丢东西，做什么事情都稀里糊涂，马马虎虎。她思路不清晰，对家庭财产没有明确的概念等等。

明月发现，其实，所有的功课都是需要学习和训练的，包括做家务，整理物品等。由于在幼年没有受到这种训练，现在的她不是一个合格的主妇。

动手能力是女孩的一个非常重要的能力，它的培养也要在儿童时期开始。很多家长都有"长大了自然就好了"的想法，这是

错误的，良好的习惯和能力都需要从小培养。

针对女孩子动手能力差，做父母的该怎样做呢？

▶▶ 改变错误教育观念，触动孩子的内心

首先是父母要改变错误教育观念，切忌溺爱。一些父母总是认为孩子还小，只要学习成绩好就行，其他的父母可以代劳。过度地保护孩子，不是爱孩子，而是害孩子，因为这样做剥夺了孩子成长的权利，结果使孩子变得乖戾、无知无能。其次是和孩子讲清道理，让孩子从心里接受。要让孩子明白"父母不能服侍孩子一辈

子，自己的事一定要自己做"的道理；让孩子知道父母的工作性质，了解父母挣钱养家的不易，让孩子体谅父母，孝敬父母，慢慢学会为父母分忧；让孩子多看一些名人传记，使孩子明白，大人物在小时候都很能干；带孩子到弱势群体集中地，让其感受到自己的生活幸福，并有所触动。孩子只有内心有所触动和感动，才会有动力，才会积极主动地提高动手能力。

▶▶ 补课——设计趣味性的活动，训练动手能力

一般动手能力差的女孩子，在幼儿期都没有得到有效的训练，所以要补训练孩子动手能力的课。遵循女孩子的心理特点和动手

规律，选择一些结构性强、操作性强，能引起她持久注意力的玩具。可以教她拼图、搭积木、玩橡皮泥、折纸、剪纸、穿珠子、绘画、弹钢琴等。

▶▶ 强化家务劳动，锻炼孩子的自理能力

让女孩子做家务。父母应注意女儿的年龄和身体状况，选择其力所能及的劳动内容。小学时期的女孩所从事的劳动项目有生活自理劳动、家庭炊事劳动、简单的缝补、生产劳动和购买活动等。比如，小时候，让女儿学会洗手、洗脸、刷牙、脱衣、整理玩具等小事；稍大一点，让她洗手绢、袜子、打扫房间、和父母一起包饺子、择菜等；再大一点，负责喂养金鱼、浇花、洗碗、拖地、整理房间等。在指导女儿做家务时，父母要求要明确，先作示范，安全第一，培养习惯，鼓励创造。另外，务必制定家规，家务分工，各司其职，奖勤罚懒。女儿若自主意识强，乐意做小事情，父母要及时给予鼓励，通过鼓励她多动手，让她体会到内心的成就感和自豪感。当她做不好时，父母不要心急，给她做示范，更不要责怪她，打击她的自信心。刚开始女孩子对家务事很感兴趣，时间久了，可能有些厌烦，父母一定要坚持让女儿养成做好家务的习惯，只有这样，才能培养女儿的自理能力、动手能力、恒心、爱心和责任心。

细节 52 带她去旅游

出游是开阔视野、增长见识的大好机会，
父母应多带女孩外出旅游。

作为父母，你可能把带女儿出游当成一种放松或奖励，然而，多带女儿出游有很多积极的意义，其好处大约可归为五个方面：

▶▶ 从旅游中学到很多知识

大家都知道这句话"读万卷书不如行万里路"，确实是这个道理。每到一处，女孩接触到实实在在的各地地理风貌、各地的风土人情，这比读书来得真实得多，让女孩记忆深刻。

比如带女孩去云南，在云南居住的少数民族就有52个，想想我们国家总共56个民族。女孩对各地的少数民族很是感兴趣，特别是每到一地，都有当地的少数民族来接待，当导游，女孩和导游关系打得火热，学习起少数民族的风俗来很是上心，相信比读书取得的效果好得太多了。

▶▶ 在旅途中学会合理花钱

现在，孩子是父母的宝贝，父母说不娇惯还是不知不觉尽量满足女孩的一切需求，加上女孩对钱的概念不是很清楚，不知道如何节省。

可是通过旅游就不同了，一般到旅游区东西都比较贵，像暑假正值天热，女孩吃个冰糕无可厚非。于是，我给女孩10元零花钱，让女孩吃冰糕的时候就自己去买。这样下来，我发现，女孩明明去了卖冰糕那里几次，可是每次回来都两手空空，也不见其买，回来后就拿起随身携带的白开水喝。问起缘故，女孩回答："最便宜的冰糕都要3元，可不是宰人吗，在咱们那里才5角钱，我回去再吃。"瞧，钱的概念不用你苦口婆心地说，她立马就懂了。

▶ 在旅途中学会与他人相处

我们出去旅游一般都会选择跟团，这样吃的住的比较省心。不过由于是散客拼团，一个团就有来自五湖四海的朋友。需要每个家庭自我介绍，每到这时，我们家派出的都是女儿，让她来锻炼自己。

另外，旅游途中每到一个景点总有回来晚的家庭，耽误了大家一些时光，这时候的女儿总是心平气和，从没有怨言。如果碰到谁的行李拿不动，就主动伸手帮助一把。像前些天我们到云南旅游，车上有两个女孩，女儿称其为姐姐，她们总是喊："小妹妹，快来帮我们拿行李。"女儿总是乐颠颠地跑去，拿着行李。当然了，行李也不是白拿，姐姐们总是请她吃点好的，玩点小游戏，带她出去玩，玩得不亦乐乎。所以说，旅游可以让女孩更快地长大。

▶▶ 提高自理能力

不少爸妈习惯为宝宝打点一切，理由是宝宝太小。

建议家长在做出游准备时，不妨让宝宝参与准备工作。这样不仅可以提高宝宝的出行兴趣，还能让宝宝了解外出旅游应该带哪些必备用品。

另外，还可以培养宝宝整理物品的良好习惯。

总之，女孩的成长需要全方位摄取精神营养，只一味地学习是不够的。带女孩出游实际上也是一种学习，而且还是一种难得的学习过程。

细节 **53** 幽默，也是智慧

女孩幽默，是智慧的展现，会对她的人际交往大大增分。

幽默是一种人生态度，更是一种人生智慧。俄国文学家契诃夫说过：不懂得开玩笑的人，是没有希望的人。在现实生活中，幽默可以淡化人的消极情绪，消除沮丧与痛苦，舒缓紧张气氛，更能带给自己和别人喜悦和希望。

一个幽默风趣的人，往往比不具幽默感的人更受到大家的喜欢。同时，幽默还能帮助女孩更好地应对生活和学习中的压力和痛苦，更开心地生活。随着时代的发展，现代家庭开始越来越重视女孩幽默感的培养。

⭐ 家庭环境潜移默化

幽默应该有一定的遗传因素，而家庭环境也会潜移默化地影响女孩。家长平时跟女孩的相处，不仅影响女孩的性格养成，也包括幽默感。如果家长本身没有一点幽默感，却老埋怨自己的女孩不幽默，也是一个笑话！

另外，一些幽默的著作对性格的影响也非常大，特别是女孩还

小的时候。记忆里巴尔扎克和鲁迅的文章给我留下非常深刻的印象，那种幽默感有点"冷峻"，小时候去图书馆我总是先找这两位作者的书。也许，我身上那并不多的幽默细胞，就是被这些文章所培养的，呵呵！之后，年龄稍大一点，钱钟书文中那含蓄的幽默对我的影响也挺大！

我家的小女儿是一个是非观非常分明的人，做事难免会有些死板。但也许是从小特别喜欢看幽默类书籍的缘故，她的作文大多比较诙谐。

其实，家长多跟女孩说一些轻松风趣的话，也有利于亲子关系的培养。早餐的时候，跟我家的小女儿聊天，提及她在幼儿园时，曾因长时间在电脑前玩游戏，视力一度降到4.6。我用愤怒的口气说："其实，那时候真该把电脑给砸了！"女儿饶有兴趣地问："你用什么砸啊？"答："用'哈哈可乐派'（温州广播电台的一档讲笑话栏目）砸！"女儿刚好把一勺玉米浓汤送进嘴里，结果全喷到餐桌上了！

★ 女孩的天真也是幽默

家长对女孩的影响至关重要。我家女儿非常天真，什么都当真，有时候恰恰也是幽默。

有一次，我们坐车出去玩。过山洞时车内很黑，后面的同事给了我一些巧克力。出山洞后，女儿看见我手中的巧克力，惊奇地问我哪来的，我说："过山洞时张开手，天上掉下来就接住了。"汽车再一次过山洞时，只听见同事咯咯咯地笑个不停："你女儿的手都张酸了呀！"哈哈，她还当真了呢。

还有一次，我跟她说一个笑话："今天，在妈妈单位里，有人啪的一声打死一只蚊子，我过去一看：'死了？赔！我养的！'"没想到话音刚落，女儿就给我一巴掌，说："我要报仇，原来家里这么多咬我的蚊子都是你养的！"

　　根据专家研究，人的幽默感大约有三成是天生的，其余七成则须靠后天培养。有效的方法如下：

▶▶ 父母首先应该是幽默的人

　　上课幽默风趣、深受学生喜爱的俞磊老师认为，幽默感有先天的成分，不过后天的培养更加重要。女孩是父母生命的延续，是父母最真实的镜子，潜移默化中，父母的许多特点在女孩身上都得到再现。

　　所以，要培养女孩的幽默感，为人父母者，首先要看看自己是否也需要培养幽默感。最起码，要能真正欣赏幽默。

▶▶ 教育女孩学会乐观宽容地面对人事

乐观、宽容是幽默的精髓。要学会幽默，就要学会宽容大度，克服斤斤计较的狭隘思想，同时还要乐观。要培养女孩的乐观心态，最重要的是，当女孩遇到困难时，父母应站在女孩一边，给予积极的鼓励和支持，要帮助女孩积极进取，只有这样，才能教会女孩以正确的态度和方法保持乐观。

▶▶ 热爱生活，用心去感悟生活

生活无处不有幽默，只是缺乏发现幽默的眼睛。引导女孩用心去观察、感悟生活，培养对事物的洞察力，用自己的视角去看世界，不因循守旧，是提高幽默的一个重要方面。只有迅速地捕捉事物的本质，才能以恰当的比喻，诙谐的语言，使人们产生轻松的感觉。

▶▶ 适当的自嘲也是幽默

真正幽默的人，不怕受人嘲笑，而且非常善于自嘲，而这种自嘲实际上是建立在自信的基础之上。

▶▶ 多给女孩看或读幽默轻松的故事

幽默有趣的小故事不仅能使女孩在轻松愉快的氛围中喜欢上阅读，还能潜移默化地培养女孩的幽默感。很多儿童文学作品中的主人公都是乐天派，他们虽然遇到各种各样奇怪的困难，但总能化险为夷，继续乐观地对待人生。多给女孩读或看这样的故事，可以培养女孩对乐观情绪的向往。

▶▶ 多让女孩讲讲有趣的事

女孩对发生在自己身边的
有趣的事，总是很有表达的欲
望。这时家长需要做的，就是
认真倾听，并发出会心的欢
笑。如果女孩有足够的幽默
感，大人还可引导她们编幽默
故事，给课本、电影或电视剧
改编甚至添加一个令人捧腹的
结局。

总之，幽默感是情商的重
要组成部分。具幽默感的女孩
大多开朗活泼，因而往往更讨
老师的喜欢，人际关系也要比不具幽默感的女孩好得多。幽默还能
帮助女孩更好地应对生活和学习中的压力和痛苦，因此幽默的女孩
往往过得比较快活。幽默还能促进女孩的智商健康成长，能比较轻
松完成学业。

第九章

健康，生命之本钱

引语：

爱默生说：「健康是智慧的条件，快乐的标志。」柯蒂斯说：「要快乐首先要健康。」运动给你带来快乐，运动给你带来健康，运动提高了你的信心，运动使你生活更有乐趣，运动使你更年轻，运动使你更有朝气。

细节 54 健康，是她的本钱

健康是身体的本钱，父母要呵护好女孩的健康。

身体是人的本钱，健康才真正富有。女孩的健康不仅需要父母来维护，而且需要自己有健康的理念。这样，健康才能长久，不因离开父母而陷入无助。所以，培养女孩维护健康的习惯便是帮女孩永葆本钱。那么，如何培养女孩的健康习惯呢？这就在于生活点滴中。

▶▶ 饮食调养

女孩的健康从食物开始，从小合理安排女孩的膳食，不仅能让女孩茁壮成长，而且能帮女孩养成良好的饮食习惯，这对她们一生的健康都受用。因此，父母在女孩的饮食方面一定要好好把关。

营养素对女孩大脑发育的作用是综合体现的，单补充任何一种都很难达到效果。因此，日常饮食中，父母应将碳水化合物、脂肪、蛋白质、维生素等营养素均衡搭配，只要按照这个原则准备饭菜，就能对女孩的智力发育有益，而不一定要照搬美国专家克劳斯给出的食谱。

首先，饮食中的谷物，也就是米、面等主食中所含的碳水化合物，可以给女孩的大脑活动提供足够的能量，如若不足，就会造成大脑能量供给不足，影响反应能力。

其次，乳制品中富含的蛋白质不仅是大脑组织细胞的构成成分；它还能分解为氨基酸，作为神经递质参与大脑活动中神经信号的传输。需要提醒的是，脱脂奶和低脂奶只适用于肥胖和高血脂的女孩；对一般女孩，还是要喝全脂奶。

再次，果蔬中含有的维生素会参与大脑的代谢，一旦出现维生素摄入不足，极易影响大脑活动。

最后，鱼肉，尤其是深海鱼含有DHA，俗称脑黄金，作为一种必需脂肪酸，对脑神经的生长发育极为有利，而且可增强记忆与思维能力，提高智力。

▶▶ 身姿习惯

女孩的健康还要从身姿方面来保持。一个健康的女孩，不仅要面带桃色，而且应容光焕发。

俗话说："站如松，坐如钟，行如风。"意思就是站着要像松树那样挺拔，坐着要像座钟那样端正，行走要像风那样快而有力。这对儿童青少年保持正确的姿势，使身体正常

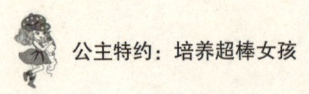
生长发育是很重要的。

坐、立、行涉及脊柱、胸廓和四肢。脊柱原来是直的，由于人类学会坐、立、行，因适应头部、胸廓等重心压力而形成3个生理性的弯曲。即颈曲、胸曲、腰曲。这些生理性弯曲随着年龄增长而逐步巩固。颈曲和胸曲约在7岁基本固定，而腰曲则在青春期才基本定型。在14岁前，脊柱之间充满软骨，15岁开始钙化，大约20岁脊柱才最后定型。因此在整个儿童青少年时期要注意预防脊柱弯曲畸形。

胸廓是由胸骨、肋骨、脊柱形成一个腔状结构。在儿童时期，所有的骨、软骨连接处正逐渐巩固，很容易受外界影响而发生变形，甚至影响内脏。

儿童和青少年正在生长发育阶段，骨组织的特点是水分较多，而固体物质和无机盐成分较少，基本的骨组织是由富有韧性的结缔组织纤维来组成，仅有很少的骨化板层结构，所以青少年的骨骼可塑性很大，容易弯曲变形。对于儿童青少年来说，应从小注意保持正确的姿势，以利于长好身体。

正确的坐姿是：抬头，两眼正视前方，躯干挺直，两肩呈水平状，躯干与大腿垂直，两小腿与地面垂直或向前伸，两足平放地面，使膝关节后面的肌肉、血管、神经不受压迫，坐时感到舒适而又不易产生疲劳。

正确的立姿是：应使头、背、臀和脚跟在一条直线上，两肩在同一水平上自然放松，抬头、挺胸、两眼向前平视，腹部微内收，两脚稍稍分开约两拳距离，脚尖微向外斜，把全身重量落在两脚的脚跟和外缘上。

正确的行姿是：为了维护身体的左右平衡，上身要保持端正姿势，当右脚向前迈步时，左手同时向前摆动，身体重心向前移；当左脚向前迈步时，右手同时向前摆动，身体重心又向前移。如此反复，两脚脚尖，应该指向前方，不要向里勾或向外撇。

▶▶ 视力保护

近年来，追求优质健康的生活是当今人们共同关注的话题，但儿童的眼睛近视、弱视问题，在我国已经呈现越来越严重的趋势，严重影响幼儿健康和日常生活学习。据调查，我国现有低视力近千万人，尤其是在儿童当中，患病率极高。

儿童眼睛近视，大多数是因为平时不注意用眼卫生。现在年轻的父母们大多忙于工作，没有精力科学管理儿童的日常生活及饮食习惯，而儿童长时间看电视或玩手机、玩游戏，写作业时姿势不正确，在强光线或阳光下看书，长时间在电脑前等行为都可能导致近视。

除了这些原因，还与孩子的营养有着密切的关系，如不合理饮食，偏食、挑食，尤其是年龄小的孩子，家长更容易忽视。

有关资料显示，多数近视患者血钙偏低，维生素A缺乏，血清蛋白和血色素也偏低。同时，近视还与体内钙、锌、铬等微量元素缺乏有关，绝大多数近视发生在儿童和青少年的生长发育时期，在这期间，孩子营养跟不上或是食欲不好，挑食、厌食，都会导致孩子营养不足，从而促成近视的产生。因此，预防孩子近视的主要措施：

★ 保证足够的睡眠时间

睡眠不足，用眼时间过长，对视力的影响非常大，孩子白天在幼儿园，见不到父母和爷爷奶奶等，晚上回到家通常会很兴奋，或

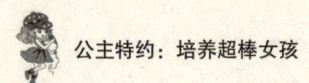

者会由于看电视节目很兴奋，不愿意睡觉。第二天早晨又要按时上幼儿园，这样一来睡眠时间就可能保障不了。对此，父母要引导孩子培养早睡早起的习惯。

⭐ 增强营养

孩子成长发育阶段需要多种营养，营养均衡保质保量，对孩子整个身体发育非常重要。所以在膳食配置上要重视科学、合理，要培养孩子不偏食的习惯。

总之，女孩的健康要从多方面来保障。一个健康的身体，也会有一个端正的姿势，这也是超棒女孩气质的展现。

 **自然，健康之友**

亲近自然，健康自然也会与女孩亲近。

饮食求原生，住玩近自然，这是健康、理想的生活方式。美国野生动物协会提倡亲子"走出户外"运动，提供了十大秘诀让女孩每天接触大自然，不仅能使女孩身心受益，在性情的陶冶上也有很大的助益。

小游戏大乐趣

有时候最简单的户外活动，往往是最令人回味无穷的。记得您自己当初是如何在石头上蹦蹦跳跳、采下小花做成花环、用树叶吹出声响的吗？这些简单的游戏同样也能取悦您的女孩。康奈尔大学环境心理学教授威尔斯的研究显示，女孩与大自然有越多接触，压力程度越小，注意力集中时间更长。

和小鸟当哥们儿

不论是城市或乡间，小鸟是我们的朋友。在自家附近绿地做个鸟类喂食器，邀请小鸟们来家中做客。或者，只是单纯地欣赏它们的歌唱鸣叫，看看您与女孩能不能借由它们的声音，分辨出是哪一种鸟类的叫声。

▶▶ 虫虫，再靠近一点

虽然遇到有刺或咬人的昆虫总是得小心为上，但大多数的昆虫都是无害的，不仅如此，它们还十分的平易近人，对女孩有股神奇的吸引力，只想走近它们研究一番。

在后院、公园及草地上都有昆虫的踪迹，只要注意安全，您就可与女孩们一起追逐它们美丽的身影。

▶▶ 我的秘密城堡

还记得小时候的秘密城堡吗？不用电池，不需要特别建造，只要有丛林、树或是厚纸板、旧毛毯，就可以把它弄成一个专属自己的秘密基地，从中得到无穷的乐趣与巨大的满足。

千万别让女孩错过了这么好玩的东西，帮助她们建立一个自己的秘密城堡，让她们丰富的想象力能在其中恣意驰骋。

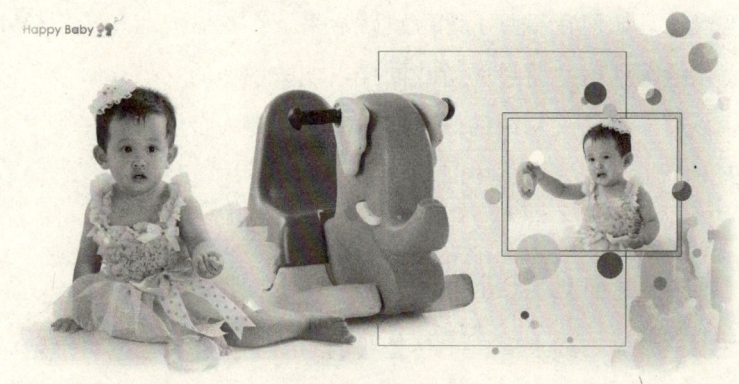

Happy Baby

▶▶ 就爱脏兮兮

不要在乎女孩们玩得浑身脏兮兮的。给她们一把汤匙或小铲子，她们就可以一路挖到天边去，或者做出一堆泥巴派来！越来越多的研究相信，玩泥巴这种祖母级的老游戏让女孩接触到许多细菌、病毒与微生物，有助于强化她们的免疫系统。

既然如此，快在后院辟个小角落，当作女孩们的沙坑吧！没有后院？没关系，大型容器或花盆也可以让女孩们享受挖掘泥土的乐趣。

▶▶ 当个绿手指

让女孩当个小园丁是个很棒的家庭活动，女孩可以从中学习到许多东西，如生命的周期循环，花的授粉，及对生命的关怀等等。不论是自家后院或是社区内的花园，您都可以与女孩共同种植花草或蔬菜，造福人类与小动物。

研究显示，让女孩学着种植蔬菜，长大后她们会做出更健康的营养选择。

▶▶ 后院露营

户外度假正当红！美国运动用品制造协会表示，2008年比2007年的露营户外用品增长了18.5%；近年来，美国户外用品最大品牌帐篷销售量也呈上升趋势。

如果您对野外露营尚未有万全准备，没关系！在自家后院露营也是个好方法。每年6月27日的全美后院大露营总是令所有女孩期待与兴奋不已。准备些露营活动，如故事接龙、户外野炊、寻宝等，让女孩的露营经历更有趣。

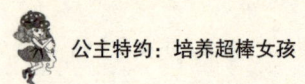
▶▶ 野外摄影

不必亲临非洲大草原，就可来场精彩的野外之旅。只要通过照相机的镜头，女孩就能由一个全新的角度去认识周遭的世界。

父母可参考一些很棒的户外摄影作品，从中获取灵感，然后直奔后院或附近的公园，和女孩有模有样地当起大摄影师，将自然界的一举一动尽收镜头底下。

▶▶ 手牵手散步去

美国卫生与公共服务部建议女孩每天应有1小时的体能活动。把散步列入女孩每日例行的活动中。父母可以与女儿一起来个大自然拾荒之行，添加路途中的乐趣。

▶▶ 丰富女孩的感官

有调查发现，女孩每日平均花在电子媒体上的时间超过6小时。想转移埋首于电脑或电视间的女孩注意力，秘诀就在家门外。街坊附近的自然景色就可丰富女孩的视觉、听觉，甚至是嗅觉，让女孩的感官得到充分的满足。

总之，大自然里有充足的空气、阳光，有可供我们活动的广阔天地。在自然环境中，女孩不仅能放松身体，更能开阔视野、增长知识，这对女孩子健全人格的塑造非常有利。

细节 56　健美，在于运动

女孩的健康体魄、美丽身姿，缘于适当运动。

生命在于运动，运动对孩子的成长意义重大。

▶▶ 运动的益处

运动的主要益处在于：

★ 增高

体育锻炼能增强孩子身体各器官系统的功能，使孩子体格健壮。孩子能够长高，是由于全身骨骼的生长，尤其是长骨的生长，因为长骨两端的骺软骨部分是骨的生长点。由于体育运动，改善了血液循环，骨组织得到了更多的营养，同时，运动对骨骼起着一种机械刺激作用。所以，运动能促使骨骼生长加速，使孩子身高随之有所增长。

俄罗斯、德国等国家的婴儿游泳开展较广泛，那些地方的生理医学专家研究表明，婴儿参加游泳，身体增长速度快。

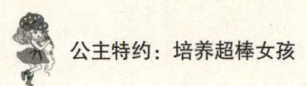
★ 锻炼四肢

如果在儿童各项动作发展之前加强腹肌、腰肌、背肌、四肢支撑力，及加强下肢肌肉力量的锻炼和进行一些条件反射的训练，使儿童通过这些触觉刺激肌肉训练，在脑中枢建立联系，就可使儿童的动作变得灵敏，肌肉变得发达。

★ 促进心肺功能

孩子在锻炼过程中，肌肉活动需要消耗大量的氧气和排出更多的二氧化碳，于是呼吸器官需要加倍工作，久而久之，胸廓活动范围扩大，肺活量提高，肺内每分通气量（即每分钟的通气量）加大，增强了呼吸器官的功能，对防止呼吸道常见病有良好的作用。

★ 促进消化

运动可使孩子胃肠蠕动增加，胃肠消化能力增强，食欲增加，营养吸收完全，使孩子发育更好。

★ 促进神经系统的发育

锻炼时，机体各部的协调运动都是在神经系统统一控制和调节下进行的，因此，孩子在进行体格锻炼的同时，神经系统本身

也经受锻炼和提高。如各种体操，可使婴儿从无秩序的动作，逐步形成和发展为分化的、有目的的、协调的动作，这是对神经系统良好的调节。

⭐ 预防疾病

孩子多进行户外运动，接受日光、空气和水的沐浴，能逐步经受外界环境变化的刺激，皮肤和呼吸道的黏膜不断受到锻炼，增强其耐受力，大脑皮层也对冷和热的刺激形成条件反射。当自然因素发生变化时，孩子就能迅速而准确地进行反应，使身体跟外界环境保持平衡，这样就不容易感冒，也不容易中暑。

在户外活动，阳光中的紫外线照射皮肤后，可使皮肤中的7-脱氢胆固醇转变为维生素D，促进人体对钙和磷的吸收，预防和治疗佝偻病。紫外线还可以刺激骨髓，制造红细胞，防止贫血。新鲜空气中的氧气，能促进新陈代谢，并有杀菌的作用。

⭐ 促进智力发育

体育锻炼中的各种动作直接受神经系统的支配和调节。人在活动时，肌肉中的神经可将各种刺激冲动传到大脑，从而促进大脑的功能，使大脑对动作反应更加灵敏。德国前几年的一份报告说：学习游泳的婴儿长大后，其智力、独立能力和自信心都要比其他儿童强。

从生理角度看，体育运动可以增加脑的血流量，能供给脑细胞更多的养料和氧气。3岁前的营养对决定智能十分重要，而运动十分有利于婴幼儿对营养的摄取，促进脑细胞的正常生长发育，对智力发展很有益处。

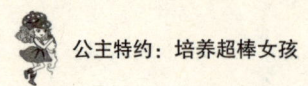

⭐ 塑造性格

体育锻炼不仅是身体的锻炼、大脑的锻炼，也是意志和性格的锻炼。

体育运动能克服某些不良行为，使儿童的性格开朗、活泼、乐观。当孩子在澡盆里玩水，在跑着、笑着去追逐滚着的皮球，在阳光下接触大自然的时候，婴幼儿的情绪会十分快乐。这种良好的情绪有助于身体健康。

运动还能培养孩子的毅力。幼小的孩子做一些动作要付出较大的努力，有时要克服各种困难，这就是很好的意志锻炼。运动后，孩子更有自信心和成功感。孩子会变得更加优秀、懂礼貌，与人相处较为主动平和。适当的运动对儿童人际关系发展有很大作用，使儿童养成与人合作的习惯和遵守规则的行为，适于日后的社会需要。对于性格孤僻、不合群的女孩，要多让她们参加集体活动和各种游戏，多与其他儿童接触，可改变其孤僻、忧郁的性格，有利于孩子身心健康成长。

⭐ 是健美的良方

锻炼可防止儿童由于营养过剩而造成的肥胖。经常参加体育运动的女孩的肌肉比较有力，关节比较灵活，脊背比较挺直，小腹比较扁平，腰肢比较纤细，体态良好，动作协调优美，对自己比较有信心。

▶▶ 常见的幼儿运动方式

下面是几种常见的幼儿运动方式：

★ 步行训练不可轻视

"走路"对幼儿发育具有十分重要的意义，走路是典型的全身运动。走路的时候肌肉的运动总是一张一弛节奏感很强，能使头脑活动顺畅。

★ 幼儿跳绳能健脑

跳绳是一项全身性的活动，需要手脚协调配合，可促进幼儿的协调性。同时，跳绳时呼吸加深，手握绳头不断地甩动又会刺激拇指的穴位，对脑垂体产生作用，进而增加脑细胞的活动，提高思维能力。脚又是人体之根，六条经脉在这里交错汇集。跳绳可以促进血液循环，使人精神舒畅，行走有力，更主要的是可以起通经活络、健脑的作用。

★ 骑自行车可提高反应的灵敏度

经常骑自行车，可以发展女孩腿部和足部肌肉的力量，提高女孩运动的速度、反应的灵敏度和平衡能力等。可以给3岁的女孩准备三轮自行车，这种车的重心较低，不容易倒，幼儿很快就会掌握骑车的要点。幼儿发现自己能很快掌握一门新技术，会增加自信心。

⭐ 游泳、爬山也是幼儿很好的体育项目

游泳可以增加肺活量，提高身体对外界环境的适应能力，增进对疾病的抵抗力。爬山可以锻炼女孩的毅力，开阔女孩的视野，使女孩形成心胸开阔、乐观向上的性格。

体育活动对人是重要的，要让女孩从小热爱体育活动，必须让她掌握更多的体育技能。身体状况、体育特长的确与遗传因素有关，但如果不进行训练，这种遗传的潜能也是开发不出来的。相反，不具备遗传优势的女孩，如果在幼儿期得到适当的训练，往往会展示超水准的技能。

▶▶ 不适宜幼儿参加的运动项目

由于儿童身体各器官、组织尚未发育成熟，有着许多和成年人不同的生理特点，因此有些运动项目不适合他们参加。这些项目包括：

⭐ 拔河

拔河比赛时运动强度大，对抗性强，需要很大的静止力和耐久力。儿童的心脏发育还不完善，心肌娇嫩，很难承受这样大力量性质的负荷。另外，拔河还容易造成腕关节脱臼和软组织损伤。

⭐ 长跑

孩子的全身骨骼发育不完全。参加大能量消耗的长跑运动，会使儿童营养入不敷出，骨细胞生长速度减慢，妨碍正常的生长发育。

⭐ 倒立

尽管幼儿的眼压调节功能较强，但如果经常进行倒立或每次倒立时间过长，会损害孩子眼睛对眼压的调节能力。

⭐ 掰手腕

儿童四肢各关节的关节囊比较松弛，坚固性较差，掰手腕容易发生扭伤。另外，如同拔河一样，屏气是掰手腕时的必然现象，这样会使胸腔内压力急剧上升，静脉血向心脏回流受阻，静脉内滞留的大量血液会猛烈地冲入心房，对儿童心壁产生过强的刺激。

⭐ 健美器械锻炼

儿童过早使用健美器械负重锻炼肌肉，可能使心壁肌肉过早增厚而限制心腔容积的增加，不利于儿童心肺功能的正常发育。因为在使用健美锻炼器械中常伴有憋气，憋气会引起胸腔内压力急剧上升，甚至可升成正压，有碍静脉血回流，使心脏发生空虚性收缩。憋气后，静脉内滞留的大量血液迅速流入心脏，又可使心脏充盈过度，对心脏产生过强的刺激。

所以，父母在引导帮助女孩运动锻炼时，要好好把握运动形式和运动强度，以利于女孩的身体发育和健康。

细节 57 健康，也是一种美德

> 身理与心理联系密切，因而身体的健康也
> 是美德的体现。

健康，是一种美德。身理与心理的健康联系密切，身体不健康很可能影响心理健康，心理的不顺又影响身体健康。比如，一个肠胃不好的人容易烦躁动怒，而容易动怒又伤害肝脏。

孩子的成长离不开家庭，一切善良、美好的品质和优良的素质都是首先在家庭中萌芽的。因此，我们可以毫不夸张地说，为了女孩的健康发展，为了家庭的幸福美满，父母应努力追求合理、积极的教养态度，创设良好的家庭心理环境。

▶▶ 情感投资——让女孩天天快乐

轻松愉快的情绪能使女孩顺利地进行各种活动，父母应使女孩经常处于一种兴高采烈的状态。幼儿情绪的发展具有易受感染性的特点，为使女孩拥有良好的情绪体验，父母要做到：

（1）为女孩树立模仿的榜样，时时处处以自己乐观向上的情绪去感染女孩。

（2）父母之间要建立和谐、默契的关系，以便对女孩产生潜移默化的影响，女孩的脸是父母之间关系的晴雨表，说的就是这个道理。

（3）要对女孩进行情感投资。美国精神病专家坎贝尔提出，要使女孩心理健康，父母要做相应的精神投资。深情地注视女孩，和女孩进行温馨的身体接触，一心一意地关心女孩。

▶▶ 尊重女孩——让女孩感到父母可亲可敬

家庭内部民主平等的人际关系是女孩心理健康的维生素。调查表明，民主协商型父母与独断专制型父母相比，前者培养出来的女孩更通情达理，受同伴欢迎，能与人友好相处，乐于助人。

为了构建良好的亲子关系，父母要做的是：

（1）尊重女孩，尽管她们年龄小，也要把她们看成家庭中具有一定独立自主性的成员，有自己的情感和需要。放下做家长的架子，蹲下身来与女孩讲话，以减少威严感，使女孩觉得父母和自己是平等的，使其保持愉快的心情以及与家人融洽的关系。

（2）父母要礼待女孩，对女孩讲文明礼貌，不要打骂女孩。无论女孩做了什么好事或有什么成绩，父母都要表示祝贺，绝不吝啬赞赏。父母对女孩的正确态度应是爱而不娇，既严格要求又和蔼可亲，在这样民主自由、宽严适度气氛下成长的女孩，必然表现出热情、直率、活泼、开朗、自信、活动能力强、善与人共事、社会适应力强等优良品质。

▶▶ 循循善诱——让女孩认识自我

（1）女孩是否能正确地认识自己、估价自己的能力，是其心理健康的一项重要指标。

为了帮助女孩形成良好的自我意象，发展女孩的自尊心，提高女孩的自我意识水平，父母应使女孩认识到世界上只有一个我。我是独特的，有动听的名字、黑黑的头发、小小的嘴巴、大大的眼睛；我很能干，能用自己的双手吃饭、穿衣、剪纸、绘画、弹琴，能用自己的双脚行走、奔跑、跳跃、攀登，能用自己的鼻子闻出多种不同的味道，能用自己的耳朵听出各种奇妙的声音。我有许多优点，当然也有一些缺点，不过，经过努力，我能改正自己的缺点，做个好女孩。

（2）塑造女孩良好的个性品质十分重要。

在培养女孩独立性的时候，父母要寓教于日常生活之中，使女孩做到自己的事情自己做；在培养女孩自控力的时候，父母要和女孩一起制定规章制度，鼓励女孩做家庭的稽查队长，带头遵守家规家法。

（3）为使女孩能适应集体生活，从而得到较好的生存和发展，父母还必须培养女孩与人合作的意识，训练女孩的合作行为，增加女孩的合作能力。要使女孩意识到与人合作的价值，可通过游戏来进行。

例如，父母和女孩玩扶盲人过马路的游戏，先让女孩扮成盲人，由父母扶其过马路；再由父母扮作盲人，让女孩扶着过马路。

女孩成长的道路不可能是一帆风顺的，父母应注意培养女孩战胜失败、消除恐惧的技能，磨炼女孩的意志，提高女孩的抗挫能力。

▶▶ 抚养方式要正确——尽可能亲自抚养和教育女孩

一方面，女孩有与父母在一起的强烈心理需要，这一需要得不到满足就容易产生感情饥饿和被遗弃感等不健康的心理。另一方面，若把女孩交给祖辈抚养，女孩容易受到溺爱，加之老人的文化水平和观念的差距，往往施以不正确的教育。若把女孩交给其他亲戚抚养，由于生怕教育不好女孩不好交代，这种强烈的责任意识和巨大的压力感往往使她们产生紧张和焦虑的情绪，因而对女孩的言行过分敏感，这些都是不利于女孩成长的因素。

▶▶ 环境的影响——创设良好的情感环境

　　家庭是女孩最早接触的环境，父母对待女孩的正确态度、和谐的家庭气氛、严而适当的教育方式及父母的榜样示范作用是女孩形成健康个性和行为的必要条件。家庭成员之间的关系应当是和睦的、平等的、互相关心和互相爱护。女孩在良好的情感环境中生活、成长，她们会感到自由、舒畅、温暖、幸福，从而形成健康的人格。家长还应做个有心人，多注意观察女孩的日常行为，注意她们的心理健康发展。

58 让她健康度过青春期

女孩的青春期也是美德危险期，父母要让她安然度过。

青春期，是人的一生中最金贵、最关键且最不安、最磨难的时期。因此，如何让女孩"健康"度过青春期，是父母们重中之重的事。这里的"健康"，是指两方面：生理和心理。

青春期的生理变化，给很多女孩带来困扰。尤其是女孩，突然多了个生理期，对身、对心都是一种冲击。生理期的护理尤其重要，比如不能吃冷、吃辣等刺激性食物，要多注意保暖等，这都是需要母亲教给女儿的。

青春期的女孩，情绪波动大，对人和事物的感觉也异常敏感，此时是巩固她们人生观的最好时候。

青春期的女孩，学习态度的变化也很大，因此才有很多女孩小学成绩一般而中学突飞猛进，或者小学成绩优异而中学不断下滑，这也是父母最紧张的事。尤其是女孩，小学学习很专心成绩很棒，到了中学就可能青春萌动、对异性产生幻想，从而很难再专注于学习，成绩下滑便是必然了。

面对青春期的女孩，父母应该如何应对：

▶▶ 帮助女儿了解青春期的生理特征

★ 月经初潮

这是女孩进入青春期的重要标志。什么是月经，月经是指女性子宫内膜在内分泌影响下周期性的剥脱并从阴道排出，每月一次，叫作月经。两次月经间隔的时间称为月经周期，一般为28～30天，提前或延后7天仍属正常范围，如果短于21天或高出40天，那么最好到医院检查一下。

月经来潮后部分女孩会出现两种烦恼，一是经前紧张症，二是痛经。

女性月经来潮前一周左右开始出现情绪异常，如精神紧张、烦恼、易怒、失眠、头痛等。有的出现面部浮肿，这种症状不用治疗，也不影响学习，只要避免精神紧张，转移注意力，少吃盐，即可减轻症状。

痛经也是大部分女孩会碰到的，不严重者不需治疗，可以用热毛巾热敷腹部，洗热水澡，不吃生、冷、辛辣刺激性食物，当然，如果痛经出现冷汗、恶心、呕吐、腹泻等症状应去医院就诊。

母亲要特别叮嘱女儿注意经期卫生。

（1）注意选择质量信得过，安全卫生的卫生巾。比较有名的牌子质量有保证，不要使用廉价不知名的卫生巾。

（2）勤洗热水澡，不要洗冷水澡。不共用别人衣服、毛巾，自己的用具勤洗勤晒。

（3）注意保暖。月经期间抵抗力下降，要注意保暖，避免涉水、淋雨、游泳、下水田或冷水洗头、洗脚，也不要坐凉席、凉地，夏天避免吃过多冷饮。

（4）多吃些鸡肉、猪肝、鸡蛋、水果、蔬菜、红枣等，补充体内各种维生素和蛋白质等，增强体质，提高抵抗力，不吃辛辣生冷等刺激性食物，多吃纤维食物，如瓜、莴笋、香蕉等，保持大便通畅。

⭐ 进入青春期

进入青春期后，下丘脑和垂体迅速发育，并分泌促性腺激素，在激素作用下，女性卵巢发育开始成熟，具有周期性排卵，每月一次。卵巢位于下腹部两侧。卵子可在两侧轮流排出，也可由一侧卵巢连续排出，排出的卵子若与精子相遇，即成受精卵，一个生命就在子宫内开始孕育、生长，如果两侧卵巢同时排出两个卵子与精子相遇就成为两个受精卵，就生成两个长像不一样的双胞胎，若受精卵分裂成两个，就生成两个长像一样的双胞胎。

因此，父母要教育在青春期的女孩尤其要学会自我保护，举止端庄，自爱自重，不要早恋，维护自己的纯洁性。

⭐ 青春痘

有青春就有青春痘。青春痘并不影响健康，只是一个人在发育过程出现的一种现象，如果不多不必介意。要叮嘱女孩出现青春痘不可抓、捏患处，以免细菌侵入而引起发炎。同时要求女孩：

（1）多吃清淡食物，注意多吃一些富含纤维素的食物，保持大便通畅。不吃蒜、葱、辣、咖啡等有刺激性作用的食物。

（2）保证充足的睡眠，睡眠是美容的最好途径，保持乐观情绪。

（3）经常保持皮肤清洁。用温水清洗，不用雪花膏和油脂性

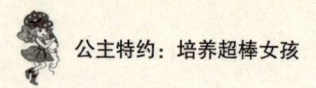
化妆品擦脸，以免阻塞毛孔，加重症状。

⭐ 节食与减肥

有些女孩子为了"苗条"身材实行节食。如不吃早餐、不吃鸡肉、鱼、蛋等，长久下去，大脑缺乏正常的物质补充，导致智商下降、贫血、胃痛等。所以要为女孩合理安排生活，吃营养丰富的食物。早餐要吃好，中餐、晚餐不要吃过多过饱，参加足够的体育活动。

▶▶ 密切关注女孩的心理变化

青春期，女孩由于生理变化，也会引起心理的一些变化。处于青春期的女孩讲究打扮，留意谁在看自己；喜欢看描写爱情的电影或小说；爱去看高年级男生打球；喜欢上网和陌生人聊天；喜欢向异性朋友发短信；有打不完的电话；在特别的日子喜欢给人送礼物；爱把抽屉、日记加锁。

青春期的来临，十三四岁的女孩体态变得丰满，臀部变圆。体内大量分泌雌激素，性意识也开始萌动，与男生交往成为一个值得注意的重大问题。

作为父母要特别关注女孩与异性的交往。对女孩与异性的交往，父亲在平时的教导中要提出一些好的建议：

⭐ 可以优雅大方地与男同学交往

（1）交往的目的是学习异性的长处。

（2）在与男同学的交往中，要体现自己的高尚情操和良好道德修养，要举止端庄，稳重、大方。穿着打扮要与中学生年龄、身份相协调。体现出懂礼貌、有教养、情趣高尚的特性。

（3）在与男生相处时，要保持距离，不超越友谊的界限，要理智把握情感，决不做有损自己尊严的事，要避免过分的热情和亲近。

（4）不轻易接受男生赠送的礼品，不随便让男生进入自己的小天地。要理智谢绝异性的爱慕与追求。

（5）要学会自我保护和防范侵害，不随便单独与异性接触，特别是在黑夜和偏僻的地方，不与男性拥抱、接吻。遇到侵扰和挑逗要冷静地设法摆脱。

⭐ 要有正确的审美观

（1）突出青春的自然——真实，自然是美的灵魂。"清水出芙蓉，天然去雕饰。"

（2）美的魅力贵在整体美——整体美既要容貌气质衣着打扮达到均衡和谐统一，又要外在美和心灵美合而为一。

（3）注意自己的风度美——风度是一个人气质的自然外露，譬如平时的各种坐姿站姿，如何待人接物，举止谈吐，如何行动礼貌等等，都能显现出人的某种风度，这都需要学习。

人的性格不同，不同性格的人都会体现出不同风度，内向的人表现出沉静、文雅、态度和蔼、品格端庄文静美，外向的人会体现一种活泼热情、谈吐文雅、举止洒脱的活跃美。

（4）保持健康美——学会自我保健常识，选择健康的生活方式，积极参与文体活动，学会控制和驾驭自己的情绪，加强思想修养，树立正确的人生观。

⭐ 学会自我保护常识

母亲也要在这期间教导女孩：

（1）提高警惕性，防范以恶意出现的坏人，也要警惕以"善意"出现的好心人。

（2）不要到各种酒吧或歌舞厅，不轻易与网友见面。

（3）衣着不要太暴露。

（4）不要贪图小便宜，熟人过分殷勤要小心。

（5）不读黄色手抄本或淫秽色情书刊、画报，不看黄色录像。

第十章

气质，腹有诗书气自华

引语：

气质型美女，从字面上来理解就是指其本身不是靠外表美丽和妩媚来吸引人，而是靠内在的气质、涵养、修为来达到使别人欣赏、赞美的女性。『女人不是因为美丽而可爱，是因为可爱而美丽』，气质型美女更多时候讲究的是一个女人精神上温柔、知性、优雅、端庄、贤淑、善良等内在气质。女孩应该温柔，应该平静，应该稳重，应该淡定。

细节 59 女孩的艺术素养

良好的艺术修养是女孩享用一生的财富，需要从小积累。

我国古代在培养女孩时就特别注重培养女孩的素养，琴棋书画都让女孩去学习，去练习。现在更应该注重培养女孩的艺术修养和素质，要让女孩从小学习弹琴、画画、唱歌、跳舞、书法、下棋等艺术特长，即使女孩将来不能够成名成家，最起码女孩具备了一定的艺术素养和一定的艺术细胞，一举手一投足也颇有味道，颇显艺术家风范。

然而艺术修养不是天生的，它需要在艺术欣赏和才艺学习中逐渐培养和锻炼起来。接触各种艺术形式，参加丰富的艺术活动是提高艺术修养的重要手段。

▶▶ 艺术修养——音乐

教育学家说："音乐是思维的源泉，没有音乐教育，就不可能有合乎要求的智力发展。"在音乐氛围中成长的女孩，能深切感受理解其优美、崇高的情感特征，会随着节拍和旋律的变化，任想象力充分地展开。音乐，对儿童的思维活动具有强烈的促动力，通过音乐的熏陶，有的女孩甚至能描绘许多闻所未闻，见所未见的事物，这对其今后的成长无疑具有极其重要的意义。

▶▶ 艺术修养——舞蹈

舞蹈艺术是儿童美育的手段之一。舞蹈给女孩的生活带来许多快乐。舞蹈要求动作优美，富有表情和节奏感，一般与音乐和光相结合，给人以强烈而直观的

美的感受，可以培养女孩对体形美的认识和韵律感。家长可带女孩看歌舞晚会，指导女孩看电视舞蹈节目，丰富女孩特别是女孩的舞蹈知识，如有可能，可根据女孩的兴趣和要求参加社会举办的儿童舞蹈班和课外艺术团体。

女孩的健美还来自于舞蹈，下面是女孩学舞的最佳时间段分析：

⭐ 学西洋舞（芭蕾、现代舞）的适龄期

幼儿在2岁到3岁左右就能踩出步伐。让幼儿习惯团体活动，培养正确的音感是其目的，所以一周练习一次左右就够了，让女孩从事很难的动作对身体发展并不好。技巧的指导从肌肉尚柔软的

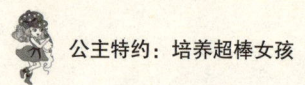

6～7岁开始比较理想。芭蕾舞要两脚打开180度的动作，这个动作不趁早开始不行。

⭐ 学古典舞蹈的适龄期

学古典舞蹈的适龄期是4～5岁，从这个年龄开始学才艺，是因为这个时候身体很柔软，符合日本舞蹈的体形，此时智能已发展、运动神经及感受性也开始运作，会自动自发努力，在仍是白纸的状态下，对所教的事物也会毫无抵抗地加以吸收。

▶▶ 艺术修养——美术

美术是一种造型艺术。由于美术作品色彩协调，线条清晰，形象生动，有助于锻炼幼儿的视觉，又能够发展幼儿的观察力和艺术想象力。幼儿喜欢用五颜六色的画笔涂画出花花绿绿的图案来，实际上是对美的创造。一些简单的绘画、泥工、手工、纸工、制作玩具等和美术有关的技能，可以培养幼儿对美术的兴趣，并激发她们的美术创造能力。

▶▶ 艺术修养——文化内涵

培养女孩的文化内涵。要让女孩多读书，不仅是要学习好课样的辫子，喜欢蝴蝶结等小饰品。女孩还会穿上妈妈的衣服、挎上妈妈的皮包，甚至蹬上妈妈的高跟鞋，在镜子前"臭美"地走来走去。这些都是女孩在追求、探索美丽的一种表现，足以证明她已经进入了审美敏感期。

正所谓"爱美之心，人皆有之"，一个仪表得体的女孩，不仅能让人赏心悦目，而且还能展示她个人的魅力和气质，无疑会让她收获更多的自信。

大概每一位做父母的都希望自己的女儿走向社会后能受欢迎，能成为一个气质优雅、品位不俗的女性。聪明的父母能给女孩一个好的智商，善良的父母能培养女儿可人的性格，有品位的父母会懂得教会女孩学会打扮自己。

教女孩如何打扮自己，这对女孩来说很重要。一个不懂得修饰自己的女孩，底子再好，也会被埋没。女孩如何才能将自己打扮得优雅清新、气质超凡，这就需要做父母的给予悉心正确的引导。

▶▶ 正确看待女孩的爱美之心

爱美之心，人皆有之。尤其是女孩，从小爱打扮，希望自己更漂亮。因为在她们的潜意识里希望自己被关注，希望能得到父母更多的爱，所以，她们想通过这样的方式取悦父母，赢得家人的喜爱。从某种程度上说，这未尝不是一件好事，因为女孩懂得关注自己，就代表她们在乎自己，这也是爱自己的一种表现。所以，作为家长，如果发现你的女儿开始打扮，不必过分担心，用正确的眼光看待这个问题，只要女儿的审美观念是正确的，就不必太过遏制。

有些家长过分担心女孩爱美会分散注意力，从而影响女孩的学习，甚至有的父母还认为，学校里有校服，女孩根本就不需要打扮自己。这些想法都是大错特错的，女孩大了，爱打扮是人之常情，爱美不是过错，关键是要让女孩明白什么是美，如何去美。如果一味地约束女孩，强迫女孩接受家长的说教，甚至把爱美和学习看成是对立的、冲突的，一方面很难使女孩信服，另一方面也容易使她对美的问题产生偏见而造成她错误的审美观和歪曲的审美取向。

▶▶ 帮女孩树立正确的审美观念

教女孩打扮自己，并不是一味地为她买漂亮的衣服、昂贵的化妆品，而是要培养女孩正确的审美观。引导女儿"只买对的，不买贵的"。比如父母买衣服的时候可以让女儿给予一定的参考意见，问她觉得好看不，好看在哪儿，为何不好看等等。

要让女儿明白，并不是所有贵的衣服就是好的，有些衣服虽然价格昂贵，做工精细，但不适合自己。同时，也不要养成女儿买衣服只买便宜的习惯，有些衣服虽然价格便宜，但是穿在身上不舒服，这样，也不要买。总之，要树立女孩正确的审美意识，让她知道，适合自己的才是最美的。

▶▶ 有其母必有其女

有什么样的妈妈，就有什么样的女儿。妈妈要做女儿气质培养第一人，首先要努力把自己最"美"最"优雅"的一面展现给女儿。教女儿打扮自己，并不是一味地穿衣打扮，教会女儿正确的仪表姿态，也是提升气质的一种方式。假如做父母的平时就不注意自己的仪态，平时上班回到家就斜躺在沙发上看电视，或躺在床上看书，这样其实对女孩的影响非常大，女孩会在潜意识当中不自觉地模仿父母的行为。

▶▶ 让女孩用正确的心态打扮自己

打扮自己，是对自己的一种尊敬，也是对别人的一种尊重。父母必须要让女孩明白这一点。父母要告诉女孩，打扮不是为了"臭美"，而是为了提升自信，改变心情，为了以更好的精神面貌进行人际交往。把自己打扮得越端庄，越能显示出你的郑重其事，也越能显示对他人的尊重。

女孩爱打扮也是爱美的表现，家长要正确看待这种现象，同要让女孩知道，美不只是光靠外表，外在的美是有限的，也是的，要由内及外，从心灵散发出的美丽才是真正的美丽，才久。

教会女孩如何打扮自己，让自己变得更漂亮，这在无形当中会增加女孩的自信。她会因为自己的打扮得到别人的肯定而心情愉悦，从而让女孩学习、做事都变得充满自信。这对她以后树立正确的人生观、价值观都极其要。

细节 61 你若沉稳，她不急躁

种瓜得瓜，沉稳妈妈才能造就贤淑女儿。

你如果是母亲，遇事不慌，从容淡定，久而久之，你的女儿也会形成这样的性格。都说"有其母，必有其女"，一点不假。因此，平时控制自己的情绪，给女儿一个表率，使她慢慢变成一个沉稳恬静的女孩。

女孩应该温柔、应该平静、应该稳重、应该淡定，不是有一句话叫作"静若处子"吗，就是说女孩文文静静的，而不应该像《红楼梦》中的赵姨娘，遇事"一惊一乍"，"仿佛蝎子蜇了一样"疯疯癫癫的，让人视为不稳重惹人厌烦。

女孩沉稳表现在以下几个方面：

▶▶ 不随便显露情绪

一个文静的女孩，不会轻易显露自己的情绪。因为一旦情绪显露过多，女孩就势必大笑或大哭，这对个人形象都很不利。

显然，微笑是紧张时的轻松剂，是伤感时的安慰药，是痛苦时的镇定片，是快乐时的助兴粉。微笑，一个简单的动作，却有着巨大的力量。

要培养女孩学会微笑，对每一个人学会展示自己甜美的笑容、可爱的笑容，把微笑当成女孩必修的课程，当成一种交际语言。培养女孩自然大方、真性情、率真、直爽的性格。要把快乐的元素、清新的元素、率真的元素注入她的成长中，让女孩形成良好的习惯。

细 **63** 淑女，是心灵的高贵
节

真正贤淑的女孩，她的心灵会散发出高贵
的香气。

要培养女孩的高贵气质。对于女孩，我们一定要培养她的高贵
气质。

何为"高贵"？就是道德水平高尚；就是品德优秀；就是地
位高，受人尊重；就是落落大方，做人不卑不亢；就是不低三下
四，不小里小气。

做一个高贵的人，就是要有美好的追求和修养；就是要对长辈
有孝心，对晚辈有爱心，对事业有忠心，对朋友有诚心；就是要做
一个善良的、崇高的、阳光的、感恩的人；就是处世内敛、谈吐文
雅，举止端庄；就是胸怀宽广，富有爱心。高贵的人，就是让人一
看就会肃然起敬，让人不忍亵渎和侵犯她。

培养一个高贵的女孩就是要她受到人的尊重和爱戴，一生幸福
而富足。

▶▶ 富养出来的女儿，能自尊自爱

杨澜说她3～4岁寄居上海外婆家时，年轻的舅舅在领了工资的周末带她去最高级的红房子餐厅吃西餐，去准海路照相，去看最新潮的立体电影。长辈责怪他为个小女孩乱花钱，他说，女孩就要见世面，不然将来别人一块蛋糕就把她哄走了。

▶▶ 高贵，是一颗质朴的心

高贵，不是美艳的容颜、华丽的服装，而是永远开在心中绽在脸上的灿烂之花。一颗质朴的心，若能拥有一脸的灿烂，这就是高贵！

有的女孩喜欢穿金戴银，炫耀"高贵"。其实，那只是虚荣心理的作祟。可见，女孩的高贵气质，绝不仅仅体现在她的穿着上，而是在于她的举手投足间。

因此，妈妈要特别培养女孩的内涵，要富养女孩，培养其高贵的心。

细节 64 举止优雅，落落大方

女孩子的样子，毫无疑问，举止优雅要排在第一位。举止优雅将会为长大后的女孩子带来无穷的魅力。

无论时代如何变迁，年轻一代的审美观如何变化，女孩父母们的观念也不会变化，他们最希望看到的依然是——女孩还是要有女孩的样子!

而这个女孩的样子，毫无疑问，举止优雅要排在第一位。

举止优雅的女孩，待人接物彬彬有礼、不卑不亢。

举止优雅的女孩，餐桌上行为得体。

举止优雅的女孩，不和父母顶嘴，不打断别人说话。

举止优雅的女孩，随时随地体贴照顾他人，尊敬和关心他人。

举止优雅的女孩子，把"请"和"谢谢"挂在嘴边。

举止优雅带给女孩的好处实在是太多了，它不仅赋予了女孩柔性、大气、得体之美，更为女孩成长为小淑女奠定了最强有力的基础，举止优雅将会为长大后的女孩带来无穷魅力。

但在现实生活中，很多性格外向的女孩，却给父母带来了众多关于"举止优雅"教育的挑战。

一位母亲一语中的地道出了自己的忧愁：

人家小姑娘说话嗲嗲的，衣服穿得干干净净，但我女儿就是个"皮大王"。唱歌大喊大叫，把玩具弄得"身首异处"，喜欢和男孩子在一起疯，小裙子上总是脏兮兮的。我怎样才能培养出一个小淑女？

如果一个女孩，处处尽显如男孩一般的阳刚之气，像男孩一样好动、淘气，这的确是让父母感到头疼的一件事情。如果父母顺其自然，那孩子势必会变得日益失去女孩的风范，毫无优雅可言；如果父母严加管束，又极有可能会扼杀孩子的天性。

那么，身为父母，我们究竟应当怎样去约束女孩不当的言行，一点一滴地培养起她们的小淑女气质呢？

答案很简单，只有四个字——潜移默化!

具体来说，"潜移默化"的原则可概括为以下三点：

要有约束，但不能强制；

要有尊重，但不能放纵；

要有引导，但不能心急。

女孩和女孩也是不同的，有的女孩天性好静，有的则天性好动。因此，要想将自己的女孩培养成真正的小淑女，父母最少要准备两套方案。一套方案，用于那些精力过剩、个性外向的女孩；一套方案，用于所有女孩子，在生活的每一个细节中，培养她们的淑女气质。

▶▶ 方法一：正确引导精力过剩的女孩

虽然由于女性荷尔蒙的作用，很多女孩都会表现得很安静，但随着时代的变迁、教养方式的变化，像男孩一样精力过剩的女孩，开始变得越来越多了。

9岁的清丽在班里有个外号——小喇叭，一到下课，第一个冲出教室的一定是她。翻单杠、爬云梯，那些男孩都不敢玩的器械清丽通通不惧怕。

一天，原本蹦蹦跳跳的清丽突然变得稳重起来，做事慢条斯理。下课时，她走在全班同学后面，课间活动时，别人在一旁玩耍，她却安静地坐在台阶上看。

当老师问她怎么了时，她从口袋里掏出一枚生鸡蛋，告诉老师："妈妈告诉我不能弄破它，以后我要做淑女了。"

让女儿每日揣个生鸡蛋，就能培养孩子的淑女气质吗？这种教育孩子的方法正确吗？想必所有看完故事的女孩父母，都会发出这样的疑问。

父母的担心是正确的。但用强制的手段，硬让一个性格外向、精力充沛的孩子，变成一个安静的小淑女，并不是一个好的办法。这不仅不利于孩子的身心发展，也遏制和破坏孩子童年的快乐。

此外，淑女的含义除了稳重外还包括知识、礼节、宽容、善良等等，这也不是一个鸡蛋所能解决的。

对于精力旺盛的女孩，父母正确的教育方式应当是这样的：

第一，教孩子做一些安静的事情。

随着女孩年龄的增大，父母可以逐步引导孩子做一些安静的事情，例如折纸、下棋、画画、钓鱼、照相、集邮等，这些活动有利于培养女孩安静专注的性格。

第二，将孩子的精力导向正确的方面。

对于精力旺盛的小女孩，父母可多为孩子提供一些体育用品，如小皮球、儿童剑、小自行车、溜冰鞋等，这些都是好动孩子十分青睐的物品。当孩子满腔热情地投入体育活动中，不仅从此多了一种有益的兴趣爱好，还可达到以动制动的目的。

▶▶ 方法二：妈妈要做优雅的好榜样

妈妈是女孩的一面镜子，所以，培养淑女，更需要妈妈言传身教。

一位妈妈这样写道：

别以为小孩什么事情都不懂，她可都看在眼里呢。有一次她冲我发脾气，我就说她，"小姑娘不可以这么大声说话"，结果就听到她小声嘟囔："妈妈和爸爸不开心的时候也这么大声说话的。"

听到女儿这么说，从那以后，我尽量克制自己的急性子，暗自发誓要给她树立一个优雅妈妈的好榜样。

无数事实证明，母亲的一言一行对女儿的影响是巨大的。如果母亲说话大嗓门，那女儿讲话也必然不能细声细语；妈妈行为无所顾忌，女儿自然也会大大咧咧……所以要想培养出真正的小淑女，妈妈必须先做优雅女人。相信用不了多久，你就会在自己女儿的眉宇之间，看到自己优雅言行的影子。

▶▶ 方法三：告诉孩子举止优雅的标准

优雅举止是有一定标准的。在日常生活中，女孩父母们不妨参照以下标准，对孩子提出合理正确的要求。

⭐ 仪容仪表

仪容仪表的整洁对女孩来说非常重要，父母应对女儿做出如下几点要求：要把脸、脖子、手都洗得干干净净；勤剪指甲勤洗头；早晚刷牙，饭后漱口，注意口腔卫生；经常洗澡，保证身体没有异味；衣着要干净、整洁、合体。

⭐ 行为举止

父母应对女孩的站、坐、行以及神态、动作等方面提出一些明确的要求。例如，优美的站立姿势要求身体直立、挺胸收腹、脚尖稍向外呈V字形；要避免无精打采、耸肩、塌腰，千万不能半躺半坐；走路要昂首挺胸，肩膀自然摆动，步速适中等。

⭐ 表情神态

父母要教育女儿，与人交往要表现出对他人的尊重、理解和善意，要面带自然微笑，千万不要出现随便剔牙、掏耳、挖鼻、搔痒、抠脚等不良习惯动作。

⭐ 言谈措辞

父母要让女儿养成使用文明礼貌用语的好习惯，如经常说"您好、谢谢、请、对不起、没关系"等。父母还应告诉女儿，沉默寡言、啰唆重复，都是不正确的语言表达方式。

需要注意的是，父母向孩子讲解优雅举止的标准时，不要用教训、命令的口吻，而是要循循善诱、谆谆教导。当优雅举止成为孩子一种不自觉的习惯，孩子卓尔不凡的气质也就形成了。

▶▶ 方法四：父母要多提示和表扬女孩

孩子的一些错误行为往往出于考虑少，而不是有意冒犯。因此，如果父母此时严厉斥责、制定规矩，往往会使孩子产生反感和抵触情绪。

因此，想让孩子变得举止优雅，最好的方式就是——提示和表扬。

一位母亲带女儿去一位阿姨家做客前，她用提示的口吻对女儿说："我们去看阿姨的时候，如果你能和她握手，并且用餐的时候主动为她拉出凳子，我们会为你感到骄傲。"做客回来后，母亲这样表扬了自己的女儿："我和阿姨今天都很高兴，我们真喜欢你和阿姨握手，并为她拉椅子的样子。"

一般来说，当父母对女孩有所提示，女孩往往会牢记并努力实现父母的期望。而父母适时的表扬，则可以让孩子的这种好习惯得到延续。经常这样提示和表扬，用不了多久你就会发现，你已经不再需要提示，只需适时表扬就可以了。

此外，父母还可以制定一些家庭内部的基本原则，来引导孩子举止文雅。比如，如果你想说"你这个没教养的孩子，把胳膊肘从桌子上拿开！"可以换成这样说："我们家的规矩是吃饭时，胳膊不放在桌子上。"这样孩子比较容易接受，因为你是在说一种制度、一种行为，而不是在批评她。

第十一章

习惯，卓越之阶梯

引语：

印度哲学家普德曼说：播种一种行为，收获一种习惯；播种一种习惯，收获一种性格；播种一种性格，收获一种命运。

细节 65 优秀，是一种习惯

优秀的女孩，自会有优秀的习惯，而优秀本身也是一种习惯。

关于习惯的养成，有这样的一个例子：

在一次世界各国诺贝尔奖得主齐聚的巴黎聚会上，有人问一位诺贝尔科学奖得主："您在哪所大学、哪个实验室学到了您认为最重要的东西呢？"

这位白发苍苍的老学者回答道："是在幼儿园。"

对方问："在幼儿园能学到什么东西呢？"

老学者答道："把自己的东西，分一半给小伙伴们；不是自己的东西，不要拿；东西要放整齐；吃饭前，要洗手；做错事，要表示歉意；午饭后，要休息；要善于观察周围的大自然……"

由此可以看出，养成一个良好的习惯有多么重要啊。当优秀成为一种习惯后，你就会离成功不远了！

下面，是一个真实的故事：

那年夏天，我终于如愿以偿地成为一名大学生。随着入学日子的增加，同学们发现了一个问题：班级里的班干部大多已经被辅导员老师选任，但始终没有选出班长。辅导员老师解释，说自己对同学们都不了解，班长的选任拖延了下来。

　　这天，同学们正在辅导员老师的带领下开班会，一名老师突然慌慌张张地跑进教室，惊恐地说道："有教室失火了，都赶快到教学楼外去！"教室立刻乱作一团。你推我挤中，教室门变得狭窄了很多，挤出去要费尽气力。

　　这时候，一个洪亮的声音在教室里响起来："都不要乱，男同学站到两边去，让女同学先出去。"同学们一下都安静了下来，顺着声音望过去，只见在教室的最后排，一名黑黑瘦瘦的同学正站在桌子上喊叫着："女生们也不要乱，排成两行往外走，下楼梯的时候也不要乱……"很奇怪，同学们都按照这名黑瘦同学的指挥做，刚刚乱作一团的景象变得井然有序起来。

　　当所有的同学排成两行都跑到教学楼外后，有同学询问辅导员老师："老师，既然失火了，为什么只有我们班疏散出来啊？"辅导员老师笑了，她示意同学们都安静下来后，说道："我要说声抱歉，并没有失火，这只是一次对选任班长的测试。"说着，辅导员老师将刚才在教室内站在课桌上指挥同学们撤离的黑瘦同学叫出队伍，说道："我很高兴地告诉同学们，

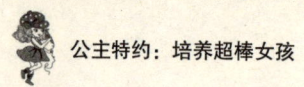

你们有了新班长，就是她。"

接下来，辅导员老师给出了自己选择这名同学做班长的理由："突发事件中，能够处变不惊、指挥若定的人一定是一个具有领导才能、非常优秀的人。请你们记住，优秀不是一种行为，而是一种习惯。"

可见，优秀是一种习惯，形成于平时的点滴生活中。父母只有从培养优秀习惯入手，才能培养出超棒女孩。

66 自律，成功之基

自律，往往是能帮助女孩抵达成功的不可或缺的好习惯。

孩子是一个综合能力的个体，自制力只是孩子综合能力之一的表现。自制力的培养，不是单纯的，孤立的，它与孩子的方方面面联系在一起。具有良好的生活习惯，具有轻重缓急思想，具有独立处事能力，具有选择决定能力，具有与人分享共担能力等等，具备了各种能力，自制力也自然形成。

如何培养女孩的自制力，请来听听某家长的心声：

▶▶ 从小培养女孩良好的作息习惯

女孩的作息习惯对女孩很重要。

良好的生活习惯、规律的作息时间，不仅能让家庭生活更简捷，对于孩子和父母来说还有着很多其他的益处。

要培养孩子良好的作息习惯，父母可以从以下几点入手：

（1）给孩子足够的安全感。小孩子特别怕黑，对他们来说，熄灯睡觉是件恐怖的事。对于胆小怕黑的孩子，无论你怎么解释，都不能使他们消除疑虑，也无法使他们心甘情愿关灯睡觉。对此，父母不妨在孩子的房间里开一盏光线较暗的长明灯，或者把她的房门打开，在客厅里点一盏灯，让她抱着一个她所熟悉的布娃娃或者大狗熊睡觉。孩子有了一定的安全感后，自然会减轻对熄灯睡觉的恐惧，顺利地养成按时睡觉的习惯。

（2）环境不要过分安静。父母应该自觉培养孩子"抗干扰"的调节能力。一份权威的调查研究表明，大约有30%的孩子并没有学会"抗干扰"——他们往往一有"风吹草动"便难以入睡，或在熟睡中被惊醒。孩子的"抗干扰"能力弱，容易养成不良的睡眠习惯，他们只有在极度安静的环境里才能入睡，然而，在都市生活中，这样的环境是很难找的。

（3）不宜亮灯睡。有些父母为了方便自己照看孩子，喜欢让卧室整夜灯火通明。但婴幼儿对环境的适应能力远远不如成年人，如果夜间睡眠环境如同白昼，孩子的生物钟就会被打乱，不但睡眠时间会被缩短，生长激素分泌也可能会受到干扰，最后可能导致个子长不高，或低于正常体重，同时不利于培养其按时睡觉的习惯。

（4）给孩子选择一套舒适的床上用品。舒适的床上用品能改善孩子的睡眠质量。枕头要软和，适合孩子。被子不用太厚，因为可能会引起呼吸不畅或者温度过高而影响其睡眠质量。孩子只要感觉到睡觉是件很舒服的事，自然有利于培养其按时睡觉的习惯。

（5）让孩子养成运动的习惯。身体累了，疲惫了，自然会想到睡觉。妈妈应鼓励孩子白天多参加户外活动，积极参加体育锻炼，一番活动和消耗体力后，孩子到了晚上自然会感到疲倦，自觉按时睡觉。

（6）最好能让孩子午睡。无论什么人，从生理上来讲，都应睡一会儿午觉。因为从早上到中午，学习了半天，身体必定觉得疲倦。午饭后稍睡片刻，能够使人精神焕发，神清气爽，促进消化。小孩子身体尚未发育完全，饭后需要睡觉。至于睡眠时间的长短，应根据小孩子的年龄、个性及季节的不同而区别对待。夏天的时候一般孩子都应该午睡，冬天则可以看情况而定。

（7）小孩子最好独自睡，至少是独睡一床。大人和小孩子同床睡，虽方便照顾，但容易养成依赖性，影响孩子独立。另外，睡觉时要注意睡姿。要想睡个好觉，睡姿是很重要的。不宜让孩子俯睡，因为孩子的口鼻等呼吸器官最容易受阻，因此，最好让孩子侧卧和仰卧。

（8）安排睡前交谈。在睡觉之前，父母要养成与孩子谈话、背诵儿歌或讲故事的习惯，使睡前时光成为一种亲密的情感交流，成为孩子所盼望着到来的时刻。这样孩子的愿望获得满足后，容易听话，根据妈妈的吩咐安静睡去。

（9）根据生活实际情况制订女孩作息时间表。父母要先观察孩子的生活习惯，确定她所需要的睡眠时间，比如：有午睡时需要多少时间？没有午睡时需要多少时间？9点就寝应睡到何时？7点就寝又睡到何时？然后再制订适合她的时间表。父母要严格监督，让孩子晚上准时睡觉，白天定时起床，不能让她养成赖床的坏毛病，在必要时要对孩子强硬一点。

以下是一位妈妈的经验，可供参考：

想来时间过得真的很快，一转眼，娟娟上幼儿园已经两年了，从小小班开始算起，9月份终于要上到中班了。这两年的时间里，在娟娟上幼儿园这个事情上，有过烦恼，有过焦虑，也和众多的家长一样经历过无奈，经历过后悔，经历过崩溃，但是现在还好，一切都过去了。现在的娟娟真的是非常的让我省心，也让我经常会觉得上幼儿园其实是一件再简单不过的事情了。

回想当初，我遇到的第一个困难就是早上娟娟不愿意起床，于是，在早上本来就相当紧张的时间里，还要专门腾出一些时间喊她起床，给她穿衣服，做好出门前的各种准备，然后，我自己用最快的时间收拾妥当，带着还在哭闹的娟娟强行出门。这样的日子像在打仗，以至于每天早上我到了单位的时候都会觉得筋疲力尽，没有精力好好地工作。

后来，我醒悟到不能再这样下去了，一定要想个办法改变这个状况。

其实这个办法非常简单，概括地说，就是四个字：定时作息。

首先，先来说说睡觉这个事。

我对娟娟的要求是：晚上10点必须睡觉。一开始，小家伙根本就不听我这一套，一个晚上，自己蹦啊，跳啊，唱啊，玩啊，还要看会儿电视，玩得不亦乐乎。到了10点，我让她睡觉，她告诉我她一点都不困，还瞪大了眼睛，说：你看我的眼睛睁得多大，直把我弄得哭笑不得。我不搭理她，她也无所谓，一个人玩，还时不时地骚扰我一下，如果我有什么反应，她马上就会兴奋起来。之后再循环反复的，往往要折腾到很晚，直到她自己觉得困了，才会躺下睡。

后来，我想了个办法，基本上离约定的睡觉时间还差10分钟左右，我就会让她收拾利落，包括喝奶、刷牙、尿尿等，然后上床，随她想干什么都行。到了10点，我就准时关上电视、关好灯，拉上窗帘，然后我坐在床边上，不和她说话，也不再搭理她，因为房间黑，我也干不了什么事，就是坐在那，等着她睡觉。可能是因为有了睡眠的环境，通常，不到10分钟，娟娟就能睡着了，而之后，我再打开灯，干我想干的事。

有的时候，娟娟也会和我据理力争，说是想晚点睡。我的回答一律是：不可以，因为第二天要上幼儿园。我要让娟娟知道的一点是，在这个问题上，是没有任何的回旋余地的，只有服从和执行。

慢慢地，娟娟养成了按时睡觉的好习惯，每天晚上10点，她会自己主动地把电视关上，自己躺在被窝里，用不了几分钟，就开始做上她的美梦了。

其次，再来说说起床这个事。

我对娟娟的要求是：早上6点半之前必须起床，因为还要洗漱，还要喝奶，还要穿衣服，还要找玩具，还要再磨蹭一会，再不起床，就来不及了。

一开始，娟娟不愿意起床，经常是我喊她，她连理都不理我，然后一大早的时间就基本都浪费在这儿了。后来，我要求她每天必须按照我的要求去做，每天6点半，如果她不愿意起床，我就会把娟娟从被窝里直接抱到卫生间，让她坐在小凳子上，我则一个人在旁边忙我的。娟娟因为没睡醒，不高兴，哭哭闹闹的，我就不理她，等到她哭得差不多了，我再开始给她洗漱。

有时，看娟娟那睡眼惺忪的样子，我也会心疼她，但是绝对不会放松我的要求，我告诉她，一定要按时起床，因为这是个好习惯。慢慢地，娟娟养成了按时起床的好习惯，每天早上6点半之前，她就会起来，有的时候，她会自己看会儿书；有的时候，会看会儿电视；有的时候，会玩个玩具；这些我都随她。然后，我会带着娟娟高高兴兴地出门上幼儿园去。

现在的娟娟已经养成了非常按时的作息规律，睡眠质量好，早

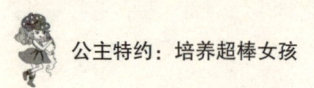

上精神也就好，一整天都开开心心的。

我想，作为家长，在帮助孩子养成良好作息时间这个问题上，一定要坚持，千万不能因为心软心疼而放弃，要知道，这种坚持才是对孩子最大的爱护。

有些父母对女孩上学前的生活习惯不重视，女孩学前没有太重的学习负担，在女孩的生活上养成自由散漫的习惯，到女孩上学了，女孩自制力较差，就开始着急，更有甚者，打骂女孩或以父母的强势恐吓女孩，给女孩的心理造成不好的影响。如果有这些不好做法的妈妈们，请从现在开始做起，改变自己的做法。当然对于已养成不好习惯的女孩，一定要用耐心去引导女孩改正，不可操之过急。

▶▶ 让孩子学会轻重缓急

生活中，当女孩渐渐开始独立的时候，常常会被各种琐事、杂事弄得心烦意乱，总是无法静下心来判断哪些是当前最该做的事，而哪些事是无关紧要或可以晚些时候再做的。这种情况下，她就很容易将事情搞砸。另外，当她看到周围许多同学、朋友做这样那样的事，又得到相应的好处时，她就会产生"我也想样样事情都做好"、"我也

想样样拥有"的想法。可是，女孩子的时间、精力是有限的，在许多事物面前，她必须有所取舍，有所为有所不为，若什么事都做，却什么都做不好、做不精，那她很可能一事无成。

所以，在女孩子的成长过程中，父母应让她懂得轻重缓急，让她先处理好重要的、紧急的大事，然后再考虑去做不太重要的小事。以下是一些实用的方法：

★ 帮女孩子将复杂的事情分类

很多时候，女孩子做事不分轻重缓急，是因为她还不能对各种事物做出准确的判断，不知道哪些是紧急的，哪些又是次要的、可暂缓处理的。这时，父母就要帮助她将这些复杂的事情进行分类，排列出轻重缓急的程度，然后让她一件一件去解决。

"妈妈，妈妈，明天我们去游乐场玩儿好不好？同学们说那里新增了很多好玩的项目。"10岁的灵儿拉着妈妈的手说。

"可是，后天你要考试啊。"妈妈说。

"哦……好烦哦！我想好好考试，也想体验新的游乐园，怎么办啊妈妈？"灵儿为难道。

于是，妈妈心平气和地说："妈妈觉得准备考试是最要紧的事！你想啊，万一你考砸了，成绩很差，爸妈都会不高兴。那么以后我们就没心情陪你玩了，你肯定也会不开心，对吗？"

"对哦！那我还是先好好准备考试，我不想失去玩的机会，也不想让爸妈生气！"弄清事情轻重后的灵儿说道。

一般来说，孩子学习、生活中的各种事情都可分为这样四类：重要且紧急的事；重要却不是很紧急的事；紧急但不太重要的事；不重要也不紧急的事。在教育女孩的过程中，父母应该引导她依这样的顺序来处理各项事宜。

⭐ 用一些小故事来启发她

有时，女孩处事杂乱无章，是因为她还没意识到处理事情不分轻重缓急会造成哪些不良后果。因此，要让孩子轻松面对各种或急或缓、或轻或重的事情，父母就应让孩子知道做事不分轻重缓急的害处。为此，父母可以在平时生活中多讲一些相关的故事给孩子听，让孩子从中受到启发。例如这样的寓言故事：

有两个猎人一起去林中打猎，突然看到一只野兔向他们跑跳过来，其中一个猎人一边拿弓箭瞄准野兔，一边说："今天我们可以吃烤野兔了。"

这时，另外一个猎人说："不行，我要煮着吃，还要喝汤。"

"烤着吃香。"

"不，煮着吃！"

两个猎人争执不休。后来一位农夫走过，他劝道："其实你们不用争，把野兔分成两半，一半烤着吃，一半煮着吃，你们俩的意愿不就都达成了。"

两个猎人觉得农夫说得有道理，这才准备放箭去射野兔，可这时，野兔早已逃之夭夭。

通过类似的故事，女孩或许就会明白，机会稍纵即逝，在机会面前要紧紧抓住，如果过多分析、考虑自己，则得到机会，甚至获得成功后的状态很可能会错失。

细节 67 惜时，生命充实

珍惜时间，女孩才能充分发挥聪明才智，充实生命。

"一寸光阴一寸金，寸金难买寸光阴！"从小培养女孩的时间意识，使女孩懂得珍惜时间，学会管理时间，成为时间的真正主人，对女孩的成长可谓大有裨益。

▶▶ 培养女孩的时间意识，可以从生活节奏着手

可以在女孩的日常生活中，通过睡觉、吃饭、游戏等各种活动，利用女孩的生物性节奏，培养良好的生活节律。如什么时间上幼儿园，什么时间玩，什么时间睡觉等，都按照有规律性的钟点进行，并持之以恒，逐渐培养一种守时惜时的习惯，那么时间意识、时间观念的培养是水到渠成的事情。

▶▶ 培养女孩的时间意识，要从认识时间词汇开始

"时间"两个字对女孩而言过于抽象，看不见摸不着，但女孩凭借日常生活中的经验，对具体事件所标示的时间可以说是非常

熟悉。如"早晨起床后要吃饭"，"睡好午觉后我们去公园"，"天黑吃过晚饭出去玩"等等。女孩在这些简单的，她们熟悉的时间概念的传达中，比较直观地理解着时间的含义。慢慢地父母可以把具体的钟点结合起来，如"早上7点起床""下午1点午睡"等，让具体的时间概念慢慢渗入女孩的脑海。

▶▶ 在女孩有了时间的感性认识后，应有效利用钟表，培养女孩的时间意识

父母可以在游戏中将钟表商的数字形象化，具体化，如和女孩一起画一个圆圆的表盘，然后在钟点相应的位置，用一些具体的事物来代替——7点贴着大太阳，表示要起床了，12点贴着可口的饭菜，表示该吃午饭了。当女孩对表盘结构有所了解后，可以教女孩认识真正的钟表，使时间观念深深地融入女孩的生活。

▶▶ 培养女孩的时间意识，要使女孩养成遵时守时的好习惯

不妨为女孩制定一份合理的作息时间表，要求女孩到点起床，到点睡觉。父母同样要以身作则，为女孩烘托出守时的氛围，而且到点答应女孩的事情也要做到。同时，要锻炼女孩做事麻利干练，不拖拉，雷厉风行的性格。

▶▶ 培养女孩的时间意识，就要培养女孩的时间感

所谓时间感是指女孩对时间的感知能力。要培养女孩的时间感，首先要教会女孩认识事件，包括对日期、四季、时、分、秒的

认识。同时时间感的培养不仅是对时间的认识，更重要的是对时间的把握和支配的能力。

一个有时间感的女孩，通常做事情都比较有条理、主次分明，懂得合理地使用和分配时间。这种时间感的培养，与父母的引导息息相关，有目的地训练女孩的时间支配能力，培养女孩有条理的思维习惯非常重要。

细节 **68** 安全与自保

要保护女孩的生命，就授予她安全意识和
自保能力。

生活中潜在的不安全因素来自各个方面，比如出行、玩耍、煤
气、水、电、雷雨，以及不法分子的抢劫、拐骗、欺辱等等。因
此，父母就要在平时的日常生活中，反复地告诉、提醒孩子需要
注意的问题，给孩子讲述一些预防的方法，以及告诉孩子如果发
生意外时，应该采取怎样地措施来实现自救等等。在不断的灌输
中，使这些安全防范常识深深地在孩子心中扎根。相信这种润物细
无声的方式，是防微杜渐的最佳策略，也相信孩子从中一定会受益
匪浅。

晶晶是个品学兼优的孩子，过年了，妈妈送给她一辆自行车作
为礼物。从此晶晶就迷上了骑车，每天放学回家写完作业后就约上
小区的小朋友一起骑上几圈。因为父母工作忙，无暇照顾她，见她
每天放学后骑车，从未发生过什么事故，也就没有加以阻拦。直到
那一天……

这天晶晶放学后又是和往常一样，约上几个同院的孩子在一

起骑车，这时，一辆轿车驶进小区，和他们是同向行驶，刚过花园，就见晶晶突然来个急转弯，轿车来不及刹车，一下就把孩子的自行车刮倒，晶晶也随之被刮到车下，自行车的后轮也完全变了形。

事故发生后，晶晶被立即送进了医院。闻讯赶来的爸爸妈妈爷爷奶奶痛哭流涕。妈妈悲怆地哭喊着倒在地上，恳请医生救救孩子。虽然医生尽力地抢救了1个小时，最终还是没有挽回晶晶的生命。

因为不遵守交通规则，我们看到了血的事实，最后留给我们的是心灵上的创伤和对离去者无尽的痛惜。处于学生时期的女孩是活跃的群体，可她们的交通安全常识缺乏，对行人的行走规则及机动车的行驶特点不明确，只顾自身要做的事情，根本就不考虑交通安全问题，也不去想会有交通事故发生，从而也就不会去做充分的交通安全准备和防范工作，更不明白违反交通法规将会导致的后果。

现在的家庭教育存在一种弊端：父母总是习惯于担负起孩子安全的责任，总是"不厌其烦"地告诉孩子："当心，这样太危险，不能做。"而孩子本身很少关心自己的安全问题。

如果女孩不能区分什么是安全，什么是危险，那么

父母、老师再严密的保护也不能保证万无一失。而"千般照顾，不如自护"，家长要帮助女孩树立一定的安全意识，提高自我保护能力。

父母们在平时不断地给孩子灌输安全意识的同时，还可以结合电视或书刊杂志中报道的一些真实案例，和孩子一起从中学习、吸取教训。面对真实的案例，孩子的触动一般比较大，孩子们会更加积极而用心地接受父母讲授的防范措施。父母可以结合案例，问问孩子案例中的人因为什么导致了悲剧的发生，怎样就可以避免，如果孩子遇到了这种事情的时候她会怎么办等等，在循序渐进中，启发孩子，让孩子不断加强安全的意识，并在孩子的回答中，及时地纠正、补充，使孩子得到正确的、科学的防范措施。

让孩子在不断的锻炼中，逐渐掌握多种生存技能。安全知识不是卷面的考试，它是要和生活真实对抗的。我们不能让孩子由于"无知"而出现意外，更不能让孩子因"纸上谈兵"而当真正面对危险时却束手无措，导致悲剧的发生。

因此，我们一定要使孩子的安全意识切实地融入孩子的自身素质之中。所以，父母应多教孩子一些生存技能，放手给孩子一些空间，让他们在生活中锻炼摸索，不断地使自己完善。有效的做法如下：

▶▶ 教孩子了解常用药品和求医方法

不少家庭存有一些常用药品以备急用，家长担心出意外，常常把这些药品收藏起来。这使得常用药品对孩子有一定的神秘感和吸引力，往往趁机去玩弄这些药品，很容易发生误食药品的危险。与其如此，家长不如把常用药品拿出来教孩子认识，让他们了解这些药品的名称、用途和用法，还可教孩子一些安全用药的知识。

此外，家长还可教孩子了解和认识医院或医务室，懂得各个科室的看病及求医方法，以便解除孩子对医院、医生的恐惧感，学会配合治病；或当意外发生时，能及时到医院求救。

在日常生活中，家长要注重对孩子进行安全教育，不仅要教给孩子一些与自身有关的常识，如记住、认识一些常用药品；掌握水、电、火的安全知识；记住一些特殊的电话等。还要通过讲故事的形式，给孩子讲述一些他可能遇到的危险情况，问问孩子该如何对待。即使孩子不能回答或回答错了也不要责备他，要向孩子讲清楚错误行为可能带来的危险后果，引导孩子掌握正确答案。

▶▶ 教孩子记住家庭住址与交通规则

孩子是容易走失的，或是从家中跑出来越跑越远，找不到家；或是同父母上街、逛公园失散了，独自迷失在街头。因此，家长要在孩子开始懂事时就要有意识地教他们认识自己家周围的环境和地址，诸如自己家房子的特征，附近有些什么特别的建筑物，住在什么村或什么街以及具体门牌号码，自己家里的电话号码；还可以教孩子认识从学校到家怎么走法。同时，家长还要教孩子记住马路、街道上行走时的交通规则，必须走人行道，过大街或马路时必须走人行横道，遇到路口必须看红绿灯信号的指示。

▶▶ 教孩子掌握家中电器、燃气灶具和常用小工具的使用方法

在现代家庭里都有家用电器和燃气灶具，也有备用的小工具，

如刀、剪、钳、锤之类。孩子对这些东西往往很感兴趣，但又容易受到伤害。对此，家长要有意识地教孩子防避，或把这些工具收藏起来，有意识地教孩子掌握正确和安全使用这些器具的方法。如怎样开关液化气或煤气灶，怎样使用洗衣机、电风扇、电暖器，怎样使用小刀、小锤或剪子不致伤手。

▶▶ 教孩子机智地对付坏人

遇到坏人之前，父母要这样教育你的孩子：

★ 教导孩子避免危险高发地带

人少的地方是歹徒抢劫的重要地点，如过街天桥、地下通道、室内等。妇女老人小孩往往是抢劫者的主要目标，因为这三种人力量一般比较薄弱。因此，我们要做到：

（1）上学、放学时，尽量选择人多的路线，不要走人迹较少的道路、胡同，或废弃的厂房、工地。

（2）按时上学，放学后尽早回家，不要在外面玩到天黑。平时身上不要携带较多的钱物。

（3）不要讲究高消费，否则很容易被坏人盯上。

⭐ 让孩子学会独自拨打电话

要教会孩子独自拨打电话，并熟记父母的联系电话，遇到紧急情况可以及时拨打。还要记住家庭地址，以防在家时发生意外状况能够在拨打110求助时，让警方在最短时间内准确到达。

⭐ 不要接受陌生人给予的任何物品

教育孩子不要接受陌生人给予的任何物品，特别是食物，因为里面很可能已经被掺进了药粉。还有的不法分子会以玩具作为诱饵，吸引孩子的注意力，以便趁机将他们抱走。

⭐ 坚决拒绝陌生人提出的任何要求和请求

对于陌生人提出的任何要求和请求都要坚决拒绝，比如"小朋友，你帮我带个路，去××地方吧？"也不要被陌生人的夸奖、赞美弄得沾沾自喜而失去了警惕。始终记住一条：不要理会陌生人。

⭐ 不要随便去别人家做客

告诉孩子不要随便去别人家做客。之前就有过孩子去同学家玩，结果当时家里没有大人，附近的无业游民将孩子骗走的事例。尤其是女孩子，更要特别留心，无论去哪里都要及时与大人取得联系，并告知具体方位。

⭐ 平时要与邻居处好关系

平时要与邻居处好关系，在知根知底的情况下多让孩子与他们接触。很多孩子有可能因为忘记带家里钥匙进不了家门，无处可去就四处溜达，结果被拐走。都说远亲不如近邻，平时跟邻居处好关系，孩子可以先待在邻居家等家人回来，像这种情况一个好邻居就能帮上大忙了。

★ 教育孩子要爱惜生命

父母务必要告诉你的孩子，如果不幸遇到坏人，一定要把生命摆在首位，歹徒要抢钱就给钱，不要挑衅歹徒或是向歹徒宣战，能逃跑就逃跑，不能就拖延时间等待救援，并注意牢记"110"，可伺机打电话求救。

他山之石

以下是英国家长教给孩子10句"保命"金言：

1. 平安成长比成功更重要。

教育孩子人人有若干权利，如呼吸权、生命权、隐私权，这些权利任何人不能剥夺。告诉孩子，任何人也无权剥夺他的安全权，安全重于一切。

2. 背心裤衩覆盖的地方不许别人摸。

孩子应当知道身体属于自己，身体的某些部分应被衣服所覆盖，不许别人看，不许触摸。孩子有拒绝亲吻、触摸的权利。

3. 生命第一财产第二。

告诉孩子在遇到暴徒时有权坚决拒绝暴徒的要求。许多暴徒表面凶狠，内心却很胆怯。

所以众多孩子齐心协力，一齐高喊"滚蛋"，通常能把坏人吓跑。万一遇到真正的身体威胁，孩子身单力薄，一般只能向坏人屈服。有时，孩子们会担心被坏人抢去财产回家挨打受骂。

　　例如有的小孩会想：如果我的自行车被坏人抢了，父母准会打死我。应告诉孩子，他们的身体安全比自行车重要得多。

　　4. 小秘密要告诉妈妈。

　　向孩子保证，无论发生什么事情，只要孩子向父母讲明真情，父母都不会怪罪的，而且会尽力帮助孩子。当孩子向大人说实话时，他们应被充分信任。大人应当马上信任孩子并及时帮助他们。例如，在性骚扰事件中，如果孩子向大人诉说，而未得到信任，这种骚扰也许会经年累月地持续下去。

　　5. 不喝陌生人的饮料，不吃陌生人的糖果。

　　有权不听陌生人的话，不喝陌生人的饮料，不吃陌生人的糖果。有权对毒品、烟酒坚决说不。

　　6. 不与陌生人说话。

　　孩子有权不和陌生人说话。

　　当陌生人与孩子说话时，孩子可以假装没听见，马上跑开。生人敲门可以不回答，不开门。告诉孩子，对陌生人不理睬是对的，小孩没有能力帮助陌生人，大人绝对不会认为这是不礼貌的。

　　7. 遇到危险可以打破玻璃，破坏家具。

　　为了保护自己，孩子有权打破所有规章和禁令。告诉孩子，在紧急之中，他们有权大叫、大闹、踢人、咬人，甚至打破玻璃，破坏家具。司马光砸缸就是典型事例。

8. 遇到危险可以自己先跑。

遇到坏人、地震、大火，孩子应当果断逃生，拔腿就跑。

自警、自救、自助，可以不要等大人的指挥。

9. 不保守坏人的秘密。

告诉孩子，即使他曾发誓不告诉别人，但遇到坏人欺负一定要告诉家长，这些秘密千万不要埋藏在心里。比如有人欺负了你，他往往说："小朋友，这个事告诉爸爸妈妈是不对的，咱俩拉个钩，这是咱俩的小秘密。"这个对不对？坚决不对，所以要让孩子知道他有不保守秘密的权利。

10. 坏人可以骗。

遇到坏人，可以不讲真话。

机智应对，才是好孩子。

▶▶ 教孩子学会遇到失火、溺水时的应急处理方法

家长要告诉孩子一旦遇到家中或邻居家失火，要采取如下应急措施：一是学会使用灭火器。一旦发生火情，先用灭火器灭火。二是油类着火时不能用水泼灭，要用沙子、土和喷上水的被褥等压火。三是发生电源起火，要设法先切断电源。四是大火来临时，要先拨通"119"报警，讲明火灾地点，并尽快设法逃离现场。

在日常生活中，孩子往往对游泳等有着极大的兴趣。事实证明，游泳的确是一项非常有益的体育活动。如果条件允许，家长可

亲自带领并指导孩子掌握游泳技能，并及时传授一些有关的安全知识，使孩子明白，如果自己或伙伴溺水时可采用哪些应急措施，并掌握自救与救人的一般技能。

细节 69　倾听，是一门艺术

倾听女孩的心声，是家长必须掌握的艺术。

倾听，是一种艺术。很多时候，家长往往由于"忙"于生活，而忽略倾听女孩的心声。其实，女孩小小的心里丰富多彩，家长若是给女孩腾出一点时间，就能发现女孩的精彩。而父母倾听女孩的同时，也给了女孩学会倾听的榜样。

5岁的聪聪，最喜欢跟妈妈讲悄悄话。碰到什么有趣的事情就喜欢勾勾小指，让妈妈蹲下来，趴在妈妈的耳边跟她一个人说。妈妈总是很乐意和聪聪分享她的小秘密。若是妈妈一时没理会，聪聪就会很沮丧地跑到一边，为妈妈的冷落生好一会儿的气。

女孩子在很小的时候就已经开始有自己的交流方式。语言能力逐渐完善起来的孩子急于把自己看到的和感受的事物说给父母听。而有些父母总认为孩子还小，不存在什么沟通和交流的必要，往往忽视了倾听孩子心声的重要性。其实，如果你不想因为自己的一点疏漏而伤了孩子的心，那么就给孩子多一点时间，用耳朵来倾听孩子的心声。但是，倾听可不光是竖起耳朵就行的，这里面还有很多讲究。

▶▶ 看着孩子的眼睛

不知道父母有没有发现，孩子说话的时候，眼睛总是充满了激情和快乐，简直灿若星辰。孩子的目光总是落在你的身上，观察着你的表情，以此来判断你是喜欢还是敷衍。父母和孩子说话时，身体要稍稍向前倾，这是表示有兴趣的姿势。睁大眼睛看着说话的孩子，很自然地用眼睛来表达你的兴趣和愉悦，用眼神来肯定孩子的行为，告诉孩子：我正在很认真地倾听。

有些父母喜欢一心两用，边听孩子说话边干其他的事情，如两手抱着胳膊，或翻看着书，或看电视，或做家务。这些行为都是你和孩子之间沟通的"壁垒"。对孩子而言，这样的交流得不到肯定和认同。

所以，年轻的父母，你们要用微笑、点头和赞赏的目光来鼓励孩子，孩子会看懂你的眼神，在得到你的认同和尊重后，她会更加活跃和自信的。

▶▶ 蹲下来更亲切

孩子的个头小，在3～5岁的时候站起来也不及父母的腰部。要知道这些豆丁大的孩子可不喜欢高高在上的父母。看不到脸，看不到眼睛，没有交流，没有共鸣，这样说话真没意思。所以，父母在听孩子说话时，一定要蹲下来，和孩子保持相等的高度。同孩子脸对脸，目光对视着说话。这体现了父母对孩子的尊重，也体现了父母对孩子的事情亲切而又认真的态度。

蹲下来倾听是孩子能够接受的一种爱护，更是父母关心孩子内心世界的一种方式。这样营造出来的一种民主和谐的亲子关系对孩子的成长是很有利的哦。

▶▶ 用成人的方式交谈

交谈是发展孩子口头语言能力的最好途径，因此父母不能等着孩子来跟你说，而要引导孩子，鼓励孩子用语言表达自己的要求。通过主动的提问，引导孩子说话，孩子在说的过程中不知不觉丰富了词汇，提高了语言表达能力。

当然，由于语言表达能力的限制，父母有时会觉得孩子不知所云。这时就要考验父母的耐心了，尽量不要打断孩子讲话，这是一种非常粗暴的方式。讲话中最扫兴的是听到对方说："我早就知道了。"这样对孩子，缺少尊重。

父母要关心孩子，不应只是关心她的冷暖吃住，还要关心她感兴趣的事。对孩子关心的话题产生了兴趣，你同孩子谈话的兴趣便也具备了。而这关键的一步，就是看你是不是一个亲切、耐心的倾听者。

当孩子想说什么但找不到合适的词时，也不要马上直接替她说出来，应引导她学习和使用新词，一旦孩子掌握了新词，要及时地鼓励她。这样，孩子的词汇也会越来越丰富。

▶▶ 给孩子中肯的建议

听完孩子的话，父母一定要表达一下自己的看法，与孩子同喜同乐。孩子向你倾诉的目的就是希望得到你的共鸣，如果你面无表情，孩子肯定会很失望。所以，不妨给孩子一个夸张的表情。孩子最爱看到大人"大惊小怪"的表情，她希望看到大人对自己所说的事情表示出吃惊的表情。能把大人吓住，说明自己很有本事。

同时，别忘记给孩子一个真心的赞美。"太好了！""真是这样吗？""我跟你想的一样。""我简直不敢相信！"父母可以用这些话语来表示感兴趣。也许你会发现，不论孩子的话题多么简单，一旦你表现出有兴趣的姿态，那么真正的兴趣也会自然而然地产生出来。

父母在精神上的关照和支持是孩子探索世界的过程中最值得信任和可靠的后盾，而倾听孩子的心声是对孩子最直接的精神关爱。

良好的倾听习惯是发展孩子倾听能力的前提和基本条件。由于独生子女在家庭中的特殊地位，孩子的表达能力增强了许多，可是有些习惯却不好，如大人说话时常插嘴，不能认真仔细地听等等。记得有一位哲人说过："上帝给我们两个耳朵，却只给我们一个嘴巴，意思是要我们多听少说。""细心倾听他人的意见"，是提高孩子听懂语言的重要保证。

倾听他人既是一个听的过程，也是一个学的过程。在倾听他人的过程中，孩子可以从他人的言语中学习到一些自己不知道的知识和他人的为人处事的态度与原则，那么如何培养孩子倾听的好习惯呢，现在结合自己教学中的一些做法和大家交流如下：

▶▶ 要调整说话的方式

许多父母在与孩子交流的过程中，喜欢把自己置于权威位置上，喜欢对孩子下命令。事实上，这种命令式的话往往让孩子产生反感，由此而对父母的话充耳不闻。如果父母能够调整自己的心态，把自己置于孩子的朋友这种角色，与孩子平等地交流，平等地对话，孩子反而能够倾听父母的每一句话。

例如，不要说："跟你说了多少遍，进门后一定要随手关门！"而要说："有礼貌的进门就随手关门，因为这是对屋里的人的尊重。"

不要说："我刚说完你就忘记了，是不是不想听？"而要说："今天是不是精神不太好，要不要我再重复一遍，你再认真地听一下？"

调整了与孩子交流的心态，调整了说话的方式，孩子也就能学会认真倾听他人说话。

▶▶ 要善于倾听孩子的心声

许多父母都没有认真倾听孩子心声的习惯，这也是孩子无法养成倾听他人习惯的原因。在现实生活中，经常有父母这样感叹："孩子有什么话总不肯跟我说，我说什么孩子也不愿意听，真是拿他没有办法。"事实上，父母不善于倾听孩子说话，孩子说的话就得不到父母的重视，孩子便只会把自己的想法藏起来，而且，孩子还会感觉到父母是不尊重自己的，从此更加减少与父母之间的沟通。

事实上，孩子虽然还小，但是他们也有独立的人格尊严，他们也需要表达自己的想法和感受，倾听孩子的心声不仅是了解孩子心灵的有效途径，也是培养孩子倾听他人的重要方法。所以，父母每天应抽出专门的时间来倾听孩子的心声，让孩子感受到你对她的重视和赏识。这样不仅有助于赢得孩子的信任，更有助于培养孩子与人交往，倾听他人的好习惯。

▶▶ 利用"按指令行事"法提高孩子倾听能力

好动是孩子的天性之一，也是身心发展的一个阶段，为此，可以用按指令行事的方法来提高孩子的倾听能力。如，要求孩子听指令做相应动作；在日常生活中交给一些任务，让孩子完成，以锻炼孩子对语言的理解能力；结合培养注意力，让孩子根据某种音乐或节奏等，一边看着大人的手势，来完成某些动作或相应的行为等。

▶▶ 利用听辨错误法来发展幼儿的倾听能力

常发现有的孩子听说一件事时，只听到其中的一点儿就听不下去了，这就说明倾听的质量不高，听得不仔细，不专心和不认真。因此，应有目的地让孩子在日常生活中，去判断语言的对错，吸引孩子注意倾听，并加以改正。如，"玉米棒结在地下，葡萄结在树上"等让孩子倾听后，挑出毛病并纠正。

▶▶ 利用传话法发展孩子倾听能力

说可以印证孩子是否仔细倾听，只有让孩子把听到的内容说出来，我们才知道孩子的倾听能力是否得到发展。父母可以让孩子听一段话或一个故事，要求孩子认真、仔细听完后回答问题。如：小蚂蚁想去哪里？汽车上坐着谁等等。传话法可训练孩子记忆力和倾听力，如让爸爸每天告诉孩子一句话，再请孩子告诉妈妈，这样就逐渐培养了孩子仔细倾听的能力。

从小培养女孩良好的倾听习惯，对女孩以后学习、生活将会有很大的帮助，能受益终身。而超棒女孩，自然也是一个安静、耐心的倾听者。

70 静俭，养德之始

细节

> 静以修身，俭以养德，这是超棒女孩的必
> 修课。

诸葛亮《诫子书》曰：夫君子之行，静以修身，俭以养德。意思是说德才兼备之人，是依靠内心安静精力集中来修养身心的，是依靠俭朴的作风来培养品德的。而培养女孩的"静"和"俭"，意义非常重大。

随着社会的进步，人们的消费意识得到了提高，消费水平也日趋增长，部分女孩的消费勇气也在不断上扬，无限制地攀比、浪费。因此，要教育女孩勤俭节约，家长要以身作则。

他山之石

在韩国，父母除了提供较为优越的学习资源给孩子，其他方面比较苛刻。

韩国的孩子基本没有零花钱，因为所有文具等学习用品和生活用品皆由父母、学校准备好，无需自己购买。韩国的

家长还很注重孩子吃苦精神的培养，经常让孩子参加户外生存考验活动。不过，这与我们的"夏令营"不同，他们的户外生存体验是不带一分钱，不带任何零食的，完全靠自己的能力用仅有的资源在比较恶劣的条件下学会生存。

而中国的家庭刚刚过上富足的生活，家长的攀比心理严重地影响了我们的孩子。如考试高分就"奖励"，出去活动"看谁带得多，带得好"等。这样，无形中滋长了孩子的虚荣心，再给孩子讲节俭便显得苍白无力了。

为了女孩能养成勤俭习惯，建议家长这样做：

▶▶ 谈话诱导，心灵启迪

父母要对女孩在不同年龄阶段的心理特点，心理发展水平进行充分的了解，结合女孩的知识和经验，从女孩的身边事入手，在平易近人的谈话中摆事实、讲道理，引导女孩自我教育，提高女孩的道德认识，培养女孩勤俭节约的好习惯。

如发现女孩乱扔馒头、面包等浪费现象时，父母就要心平气和地跟她们谈话，让她们了解农民春耕秋收的辛勤劳动过程，引导女孩提高道德认识，改正浪费粮食的不良行为。

▶▶ 故事启迪，感同身受

榜样的力量是无穷的。小学生的形象思维较之于抽象思维占优势。喜爱听故事，父母可以抓住这个特点，讲讲革命领袖、英雄人物的节俭故事，如《周总理的睡衣》《雷锋的童年》《朱德的板凳》等。

也可讲讲身边贫困孩子的生活，通过生动的故事情节，剖析故事内涵，让女孩联系自己平时的行为进行对照，从而启迪女孩的道德认知，激发女孩的道德情感，在此基础上培养女孩不乱花钱，爱惜课业用品等勤俭节约的良好道德行为习惯。

▶▶ 榜样作用，言传身教

俗话说：喊破嗓子，不如做出样子。要想培养孩子的节俭意识，仅凭空洞的说教是不行的，最关键的就是家长以身作则。

父母应从每件小事做起，如，随手关灯节约用电，不浪费自来水，爱惜粮食等，以自己良好的节约举止、行为为表率，去感染教育女孩，这样久而久之，就会对孩子产生潜移默化的积极影响，真正养成勤俭节约的良好行为习惯。

▶▶ 让孩子体验劳动的艰辛

现在有的孩子之所以不知节俭，一个很重要的原因就是他们体会不到劳动的艰辛。父母有时候要"狠"一点，找机会让孩子"受受罪"，去体验一下劳动的艰辛。比如，

（1）平时可结合劳动教育，指导女孩进行力所能及的劳动和家务劳动。通过劳动实践和自我服务活动，使女孩体验劳动的辛苦，懂得劳动成果的来之不易。

（2）父母可以带孩子去农村看一下粮食是怎么种出来的，有机会的话最好让孩子下地体验，如农忙时节，让女孩去拾稻穗等，使她们真正理解"谁知盘中餐，粒粒皆辛苦"的深刻道理。有条件的话，还可以引导孩子在阳台上独立种一些蔬菜，让孩子感受一下种植的辛苦以及收获的喜悦，从而培养女孩艰苦朴素，热爱劳动的好习惯。

（3）可以教育女孩搜集废旧物品，卖掉的钱可以存起来，捐助贫困孩子。父母还要让女孩学会利用废旧物品，比如，可利用易拉罐做个花篮，将旧凉鞋剪成拖鞋。这样既可培养女孩节约的习惯，又是一种手工劳动练习。

▶▶ 指导理财，合理利用

要培养女孩理财意识。首先，家长给女孩零花钱要有计划，要限制数额，不要有求必应，应根据女孩年龄大小、实际用途和支配能力，定时定量给予。低年级的女孩可以一个星期给一点零花钱，甚至不给，因为这个阶段的女孩没有消费意识，不知道如何利用手上的钱，高年级的女孩也不能经常给；其次，父母要问清每次钱都花在哪里，如果最近阶段钱的去处无法说明，家长应暂停"发放"，弄清楚钱的去处再考虑。

小一些的女孩可以由父母对每一笔钱的用处进行记录，大一些就可以指导女孩设计一本"零花钱记录本"将自己的零花钱的去处一一进行记录，过几天查一次账，父母还可以根据记录的内容，和女孩讨论以后哪些地方是不需要花钱的，哪些是必须花的，这不失为一种好方法。

▶▶ 让孩子体验独立消费

只要父母放手，5～6岁的孩子已能独自进行一些小额消费，如买点零食等。让孩子体验独立消费有个原则，不能让孩子大手大脚花钱。孩子自己有钱，花钱也要学会节省。如坐公交汽车时，父母身边没有零钱，让孩子付，孩子会很乐意，有时孩子还会主动要求坐没空调的车，好省点钱。这就是孩子学会节约的一种表现。对孩子来说，让她自己体验节约花钱，比一千遍一万遍地说大道理，要有效得多。

▶▶ 给孩子准备一个旧物收纳箱

父母可以给孩子准备个旧物收纳箱，让孩子把暂时不用的东西都放进去，这样不仅能给孩子以后带来美好回忆，还能让孩子养成节约的习惯。有了这样一个箱子，孩子可以盛放自己当前不想用的衣服、鞋帽、玩具等。当孩子需要买什么东西的时候，可以先到箱子里找找。这样或许会节约一笔买新东西的费用。

总之，如何教女孩做个懂得节俭的人，需要父母从自身做起，努力改变自身的生活和教育习惯，合理消费，积极指导。

细节 71 贵在持之以恒

> 坚持是一种美德，也是一种习惯，也是女
> 孩获得成功的必备因素。

常听到一些家长抱怨自己的女孩："我这女孩并不比别的女孩笨，就是没耐性，做事总是虎头蛇尾，半途而废。"

针对这种情况，家长应该知道，做事是否有头有尾，有始有终，属于心理活动中的意志品质问题。意志是否坚强，对长大后学习、工作的成败都有重要影响。

那么，家长应该怎样培养女孩的耐心呢？

▶▶ 家长要做出榜样

许多女孩没有耐心，是因为家长对女孩做事的要求往往也是虎头蛇尾。所以，首先要求家长要注意不造成女孩半途而废的行为习惯。在开始一种新的活动之前，必须让她把正在进行的活动有个了结。

如让女孩去洗澡，然后在女孩洗澡之前别忘了认真检查画到底画完了没有，这本身就是培养女孩做事有始有终的良好习惯。

孩为什么错了，错在哪里。

当女孩做错事时，父母应及时指出女孩错在哪里，不能斥责女孩以免伤害女孩的自尊心，父母要正确对待女孩所犯的错，让女孩知道错误不是不可挽救的，只要改好了，就可以得到原谅。一味地批评、指责孩子，这样易导致孩子产生逆反心理，以后犯错时就会总想找借口推脱。告诉女孩：知错能改还是好女孩。

认错需要一定的勇气。女孩不敢认错，可能是害怕承担后果，父母应给女孩一种安全感，告诉女孩每个人都有犯错误的时候，只要改了就是好女孩，避免女孩产生畏惧感。

▶▶ 父母应学会向女孩认错

传统的家庭观念认为父母向女孩道歉，会丧失自己的威严，所以，不少父母为了维护作为大人的面子，仍然坚持即使做错了也不向女孩认错。

父母是女孩学习的榜样，随着女孩年龄的增长，女孩的行为大多数是受父母的影响。大人也有犯错的时候，如弄坏了女孩的玩

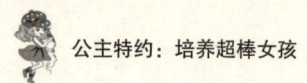

具，父母要向女孩认错，不能为了保留自己的权威而不认错，这样会导致女孩做错事不认错。

研究显示，父母向女孩认错，不仅可以融洽家庭关系，并且可以用现身说法让女孩明白每个人都会有错的时候，认错不是一件丢脸的事情。父母向孩子认错，不仅不会因为认错而丧失尊严，反而会让女孩更加尊敬。

总之，培养女孩道歉认错的好习惯，对女孩的自我完善意义无穷。超棒女孩，自然勇于认错、积极改错，乃至奔赴成功。

细节 73 环保，从小事做起

懂得爱护环境、勤俭节约且讲究卫生的女孩，一定是很有魅力的女孩。而这需要从小事做起。

法国有句谚语："留下美德将终身受益。"但美德不能像财富那样能继承，美德必须通过教育培养。德育具有很强的实践性，活动和交往是人们品德形成的源泉，所以我们必须注意在日常生活中培养女孩的社会公德意识。

以下介绍一些有效做法：

▶▶ 从小事做起，从身边的事情做起

从小就要教育孩子不要到处乱扔垃圾，让孩子自己养成不到处乱扔的习惯。

▶▶ 以身作则，教育孩子

父母是孩子的镜子，同时，孩子也是父母的写照，所以，父母要以身作则，你的一切都在孩子的心里成长着。

在培养孩子的环保意识上，不刻板说教，用快乐的方式引导，

比什么都重要。孩子们善于区别真话和敷衍的措辞。如果大人对环保的看法只是表面上的夸夸其谈，而没有真正地付诸实践，孩子们便会产生怀疑。

　　场景一：妈妈带着女儿在公园里玩耍，妈妈掏出纸巾给女儿擦完鼻涕后，随手把纸扔在了地上……
　　场景二：爸爸在公共卫生间给儿子洗手，水龙头开得很大，水花四溅，洗完手，爸爸急匆匆地关上水龙头离开了，而没有拧紧的水龙头还在哗哗地流淌着……

　　这些场景我们在日常生活中不难见到吧！在培养孩子的环保意识方面，如果成人自己对环保的概念都不明确，要唤起孩子们的环保意识就不会是一件容易的事。

　　"首先我们对环保的观念要有清晰的认识，要坚定不移地在现实生活中落实，拥有这样的认识和行动才是能够保证教育成功的关键。因为只有在这种情况下，才表明大人对环保观念已经有了充分的认识。"心理分析学家吕斯·雅南-德威拉尔指出，"孩子们善于区别真话和敷衍的措辞。如果大人对环保的看法只是表面上的夸夸其谈，而没有真正地付诸实践，孩子们便会产生怀疑，并且敏锐地发现真相。"

　　朱丽和丈夫在装修自己的环保概念的房屋时，他们让10岁的儿子也同时参与进来："我们一起选择装修材料、家具、电器，给孩子解释选择这些材料和家电的理由。刚开始，孩子不无担忧地提出了一些问题，比如，'我们不装空调，夏天会被热坏的。'现在，儿子会非常骄傲地带着伙伴来参观我们家。"

作为父母，我们掌握的环保知识还必须是对的。因为孩子通过学校的教育，电视和网络上的科普节目，就可以接触这方面的知识，如果我们错误地回答，只会留给孩子一个印象，那就是大人的无能。

"了解这方面知识是最基本的要求，这样我们才知道我们说的是什么，别人对我们的期待是什么。"气候变化专家、顾问工程师让-马克·让果维西说道，"必须严肃认真地对待这件事。这需要我们付出努力，如果我们不想成为不负责任的父母，那我们就有义务帮助孩子适应即将到来的变化。"同时，大人要注意自己的言行一致。

▶▶ 用故事引导，侧面影响孩子

给孩子讲述一些关于不重视环保带来的危害，用故事告诉他们环保的重要性。

▶▶ 郊外植树

植树节到来之时，父母可以带着孩子出去种树，选择郊外树木比较少的地方，让孩子亲手种下树苗，告诉孩子树木少了会带来的危害。

▶▶ 看环保主题的展览和电影

处于小学阶段的孩子对任何事情都充满好奇和热情，初中高中学生就不是这样了。心理专家姬雪松说："青少年理性思维的迅猛发展，让他们对探索事物的内在规律充满兴趣，同时也让他们变得比较叛逆和倔强，但青少年并不偏执，他们更愿意用自己的眼睛去观察，用自己的头脑去思考，更愿意折服于科学。"

对于这个年龄段的孩子，可以带领他们或引导他们去看环保主题的展览和电影。让孩子看看电影，然后让他自己去体会，人类不重视环保会带来怎么样的伤害。

▶▶ 多让孩子参加户外环保活动

如今的社会逐渐重视起环保了，所以，作为父母，要多让孩子参加一些户外举办的环保活动，让他受到众多环保意识强的人们的影响，形成良好的环保意识。

▶▶ 在关于环保的各种节日时提醒并教育孩子

现在有专门的植树节以及环保节日，所以，在这些特别的日子时，要提醒孩子，问问他们都做了些什么。

总之，环境保护教育应该从小抓起。通过经常持久的环保教育，使幼儿确立环保意识，形成环保观念，提高环保觉悟，增强环保责任感，成为真正的"环保小卫士"！

以下是一位妈妈培养女儿良好环保习惯的做法：

他山之石

不知道什么时候开始，果果开始有了环保的意识，出门喜欢捡垃圾，节约用电，节约用水，保护地球成了她的口头禅。其实环保的意识真的从小培养是比较容易的，有了好的环保意识，形成了习惯，孩子就会很难改变。

1. 带孩子一起看央视的公益广告。

央视有一个保护地球的公益广告，还有不剩菜不剩饭的公益广告，果果特别喜欢。看了公益广告后触动也很大，每次果果都会问我："小姐姐为什么哭啊？"我就告诉她："小姐姐不想看到这样的地球！"果果就会说："那我们一起好好保护我们的地球。"

2. 带着孩子一起捡垃圾。

孩子经常玩耍的小广场，还有海滩，到处都会见到垃圾，这种垃圾在景区危害很大，看到垃圾我就带着果果一起把垃圾捡起来扔进垃圾桶，保护我们的地球和海洋。

3. 随手关灯，节约用水。

我会随手关灯，同时在果果小的时候就告诉她要随手关灯，节约用电，洗手时也要及时地关掉水龙头。果果会问我，浪费电和水会怎么样啊？我就会趁机告诉她浪费水和电的危害。果果有时候会说"是不是小姐姐就哭了？"其实在她心里未必能理解，但是她不希望看到小姐姐哭。

4. 每年带孩子种一棵树

每年的植树节，我们都会带着孩子去种一棵树，在树上挂上小光盘，写上果果的名字，每年再去种的时候都可以看到之前种的树。对于果果来说，既保护了地球，又很有趣。

5. 和孩子一起用废旧物品做手工

很多垃圾，诸如矿泉水瓶子，还有树叶，还有废旧纸盒什么的都可以用来做手工，我常常会带着果果一起变废为宝，这是既有趣又环保的事情。

细节 74　分享，她更快乐

> 分享，能使快乐增倍，这也是女孩与人交往中的最佳方式。

　　分享就是指个体与别人共同享受欢乐、幸福、好处等。这是人的一种亲社会行为，是人在社会交往中需要获得的一种意识、一种能力、一种品质，也是每个人需要具备的一种美德、一种责任。

　　学会分享是女孩成长发展中的一个重要的里程碑。女孩可以从充满童趣的分享活动中真切感受到分享带来的快乐，这对她们正确理解分享以及将来形成健全人格都具有十分重要的意义。

　　但需要指出的是，由于年幼的女孩理解能力有限，她们往往并不能准确地解读分享本身的含义，她们对分享的理解是通过与家长及他人的分享行为慢慢深化的，是一种由外而内的内化过程。

　　现实生活中，小气的女孩并不少见。"小气"虽然不是什么大毛病，但如果是一个什么都不愿与他人分享独占意识很强的人，是很难与他人形成良好的人际关系的。

　　所以，从小培养孩子与他人分享的意识很重要。

　　为此，家长应该做到下面几点。

▶▶ 不要溺爱孩子

孩子吃独食，不愿与他人分享，是与父母的溺爱密切相关的。现在家庭结构简单，独生子女就是家里的小皇帝、小公主。爷爷奶奶、外公外婆宠着、疼着他们，爸爸妈妈也都是一切以孩子为中心，这让孩子往往只考虑到自己，一个人将好吃的、好玩的独占了，不会想到要孝敬长辈。只要稍不称心，他们就横地打滚哭闹。在家里称王称霸惯了，和伙伴交往的时候，也都以自己的需求为出发点，把最好的留给自己，把自己喜欢的先抢到手，拿到后就贴上自己专属的标签，不愿再拿出来分享。长此下去就强化了孩子的独享意识，他们理所当然地把好吃的、好玩的据为己有。

▶▶ 营造分享的氛围，体验分享快乐

家长要为孩子创设充满"分享"的环境的意识。孩子身边所有的人、物、事件、情绪，统统构成他的成长环境。当环境中充满了分享的意识、情绪、行为，孩子的"分享"也会从心底发生。首先，多营造平等的享用氛围，如，家中的食物全家人一起享用，避免孩子独占食物。再如，家长要有意识地把自己看到听到的有意义的事讲给孩子听，让他一起快乐，一起忧伤，使幼儿在潜移默化中得到情感分享，慢慢地孩子

也学会把自己高兴的或伤心的事讲给家长听，让大家一起分享他当时的情绪。其次，多创设"孔融让梨"的分享氛围，让孩子体验到自己的行为带给家人的快乐。第三，多带孩子走出家门融入社会。如，多带孩子走亲访友，让孩子在他人家中体验分享别人东西的快乐，进而别人到自己家中也愿意把东西拿出来与别人分享。多带孩子与其他家庭外出游玩，体验与别人共同游玩的快乐。

▶▶ 同伴交往，学会分享

现在的家庭，独生子女较多。没有兄弟姐妹的陪伴，没有街坊邻居的玩伴，孩子会变得越来越孤独。由于缺乏同伴交往，导致他们以自我为中心，不顾及他人感受，很少关心他人的需求，不能与同伴和睦相处，不会分享。因此，父母应该给孩子创造更多的机会让孩子与其他小朋友们一起玩，减少孩子在交往中的不安全感。可以让孩子邀请小伙伴到家里一起玩，让孩子在与同伴游戏交往中，变得大方得体，学会与人交往的技巧，养成孩子关爱他人、谦让友好的行为习惯。

▶▶ 让孩子明白分享不是失去而是互利

孩子之所以不愿与人分享，是因为他觉得，分享就是失去，父母应该理解孩子这种难以割舍的"痛苦"，让孩子明白，分享其实不是失去，分享是一种互利。分享体现了自己对别人的关心与帮助，自己与别人分享了，别人也会回报自己同样的关心与帮助。这样彼此关心、爱护、体贴，大家都会觉得温暖和快乐。

▶▶ 给孩子分享的实践机会

经常组织孩子与小朋友开展生动有趣的活动，让孩子与小朋友们共同活动，共同分享活动的快乐。常提供孩子为家长服务的机会，如，在家里买了水果、糕点时，让孩子进行分配，如果孩子分配得合理，就及时表扬强化。

一天，柯艾妈妈从家给她准备了好吃的山楂片带到幼儿园和小朋友分享了，孩子们一听说有吃的，马上欢呼雀跃起来，老师说谁坐得好让柯艾先给谁分享，孩子们立刻回到座位上，手放腿上脚并拢。看到这一幕，老师忍不住笑起来，孩子们在幼儿园总是如此热衷于吃的东西，哪怕只是一颗葡萄或是一片薄薄的山楂片……分享开始了，孩子们个个伸长了小手，生怕小柯艾漏掉了他。再看看柯艾，似乎很不情愿将这些好吃的东西给分出去，分了一块又一块，眼看着山楂片快没有了，她流着眼泪走到我面前说："老师，最后一块儿留给我吃行不行？""好的，柯柯今天非常棒，如果剩下两片，都是柯柯的！"柯柯听了开心地笑了。

▶▶ 自己为孩子树立榜样

身教胜于言教，在电视荧屏上相信大家都看过这样一个镜头：当孩子看到妈妈打来一盆热水，帮奶奶洗脚时，他也颤颤巍巍地端来一盆水，对妈妈说："妈妈，洗脚。"由此，我们也会深切领悟到榜样、表率的作用。榜样、表率教育是对孩子进行情感教育的一种方式。正如艾伦凯所强调的：榜样是习惯的基础，而习惯是人格的基础。我们要发挥榜样的作用，从而更有效地引导孩子学会分享，为形成良好的人格打好基础。在家中，父母要经常主动地关心帮助他人。

▶▶ 切忌"强迫性的分享"

分享是发自内心的，在分享的过程中是感到快乐的。孩子只有从自己的分享行为里感受到自己带给他人的快乐，以及因他人快乐而带给自己的快乐，这个分享行为才是真正意义上的分享行为，孩子才真正建立起健康的分享意识。孩子年龄虽小，他也是一个独立的个体，家长应尊重孩子的意愿，采取有效的教育措施，让孩子自愿地分享。

▶▶ 分享不能限于口头，流于形式

有的父母在强化女孩分享意识的过程中注意到培养女孩尊老爱幼的优秀品质，但这种分享却仅仅限于口头，流于形式。

一个叫丁丁的女孩，从小就在家里受到尊老爱幼的训练。比如每次买回苹果，家长都要让丁丁效仿孔融让梨的故事。丁丁可谓训练有素，她每次都要拣最大的苹果先给奶奶吃。奶奶照例笑着夸赞一番："丁丁真孝顺，好女孩，奶奶的牙不好，你吃吧。"接下来是爸爸和妈妈，都有不吃大苹果的理由。最后，丁丁抱着那个最大的苹果独享去了。丁丁孝顺让苹果的举动把一家人逗得其乐融融。

有一天，爸爸的上司来家里玩，懂事的丁丁立马去果篮里找来一个大苹果，送给客人吃。奶奶和父母们见了，个个乐开了怀。那上司也说："你们家的女孩真不错。"虽说这位上司最不喜欢吃苹果，但出于对丁丁礼貌的尊重，他还是接过了那只大苹果。不料，他刚咬一口就惹来了麻烦。只见愤怒的丁丁用手指着客人说："你为什么吃这最大的苹果？你太嘴馋了！你太不要脸了！你太恶心了！"那位上司被这突如其来的变故弄得不知所措，咬在嘴里的苹果咽不是，吐不是，一时间尴尬不已。

故事中的丁丁可谓训练有素，她每次都要拣最大的苹果先给奶奶吃。奶奶每次都笑着夸赞丁丁一番。同样，爸爸和妈妈也都以各种理由拒绝吃最大的苹果。最后，丁丁"只好"抱着那个最大的苹果独享。

虽然这仅仅是一个小小的生活片段，一次小小的分享过程，但这却给丁丁传递了一个重要的错误信号，那就是大人不会吃的，只是走走过场，最大的那个苹果在成人之间转一圈后最终仍然会成为自己的。长此以往，丁丁就形成这样的一种认识，所谓的分享，就是虚晃一枪，最终最大的那个苹果会回到她的手上。可是，爸爸的上司并不了解这个家庭中的这种特殊"分享"行为，以至于在不喜欢吃苹果的情况下还是出于对女孩的尊重咬了苹果，最后弄得尴尬万分。

可见，培养女孩的分享习惯，父母不能来虚的，而要"狠心"吃掉女孩送的食物，并表现出幸福的样子，且不忘给予赞扬，让女孩在"施予"的喜悦里更乐于分享。

中国艺术教育研究中心机构一览表（部分）

序号	名称	地址	负责人
1	中国艺术教育研究中心——广东办事处	广东省广州市天河区水荫四横路34号广东省文化厅大院演音大楼B座207-211	温泉
2	中国艺术教育研究中心——湖北办事处	湖北省武汉市武昌区中北路恒天都市花园D栋29C	余红霞
3	中国艺术教育研究中心——佛山办事处	广东省佛山市祥城区汾江中路134号凌宇书星五楼	曹崇桐
4	中国艺术教育研究中心——东莞办事处	广东省东莞市南城区三元路与元美路交汇处丰硕广场2705室	黄宇翔
5	中国艺术教育研究中心——广州番禺分中心	广东省广州市番禺区市桥康乐路108体育大厦2楼	邓明乐
6	中国艺术教育研究中心——广州白云分中心	广东省广州市白云区太和镇珊瑚景步行街文化体育中心三楼舞蹈室	陈春花
7	中国艺术教育研究中心——佛山南海红蒲分中心	广东省佛山市南海区桂城江南名居会所二楼	余红霞
8	中国艺术教育研究中心——湖南邵阳巨星语言研究基地	湖南省邵阳市大祥区红旗路109号	陈莉敏
9	中国艺术教育研究中心——广州白云晨韵钢琴研究基地	广东省广州市白云区丛云路68号保利白云山庄慷云居C栋404	杜晨
10	中国艺术教育研究中心——广州海珠美帆美术研究基地	广东省广州市海珠区南洲路88号马家园凯旋被D座商铺首层B栋107室	宋磊
11	中国艺术教育研究中心——广州番禺音符钢琴研究基地	广东省广州市番禺区星河湾心苑4栋一梯	陈亮平
12	中国艺术教育研究中心——佛山顺德伽纳钢琴研究基地	广东省佛山市顺德区大良金沙大道信翠首层11号铺	欧阳丹
13	中国艺术教育研究中心——佛山顺德金孔雀舞蹈研究基地	广东省佛山市顺德区伦教新丰路48号三楼	周燕雯
14	中国艺术教育研究中心——佛山顺德乐韵钢琴研究基地	广东省佛山市顺德区大良乐从镇富华路雅苑花62	吴嘉韵
15	中国艺术教育研究中心——东莞蔡步小士堂室画室研究基地	广东省东莞市蔡步镇蔡步路福禾将酒3栋	唐朝霞
16	中国艺术教育研究中心——中山东区红酒研究基地	广东省中山市东区明朗轩27栋10卡	陈小红
17	中国艺术教育研究中心——中山古镇德之星钢琴研究基地	广东省中山市古镇一中兴大道的乐丰花园三期7号首层之2	黄燕芬
18	中国艺术教育研究中心——广州沙溪信乐声钢琴研究基地	广东省广州市沙溪镇乐群村花阳路龙阳路7号	关汉芬
19	中国艺术教育研究中心——东莞塘厦湖畔舞蹈研究基地	广东省东莞市塘厦镇东逸翠苑16座203	金谷
20	中国艺术教育研究中心——东莞东城德铭钢琴舞蹈研究基地	广东省东莞市城区花园新村黎星119号（运河第一路段）	袁美莲
21	中国艺术教育研究中心——珠海香洲华树美术舞蹈研究基地	广东省珠海市香洲区红山山路163号市东门体育馆一层	黎明
22	中国艺术教育研究中心——广州白云德瑞钢琴研究基地	广东省广州市白云区江高镇江兴路113号	亚素钢
23	中国艺术教育研究中心——广州白云全艺舞蹈研究基地	广东省广州市白云区大源小学左侧新恒实业3楼	朱艳玲
24	中国艺术教育研究中心——广州白云瓷娃娃舞蹈研究基地	广东省广州市白云区黄石西路榕溪花园会所2楼	梁晓珍
25	中国艺术教育研究中心——广州白云飞声钢琴研究基地	广东省广州市白云区金沙洲中海金沙馨园五金街113号商铺	陈淑堂
26	中国艺术教育研究中心——广州白云大田花美舞蹈研究基地	广东省广州市白云区同和街道螺山中街43号蟹山实业有限公司大楼三楼	杨咖珍
27	中国艺术教育研究中心——广州罗岗迷梦翼翼舞蹈研究基地	广东省广州市罗岗区开创大道保利林语山庄商业街211迷梦翼翼舞蹈	黄汉富
28	中国艺术教育研究中心——广州海珠玫瑰钢琴研究基地	广东省广州市海珠区新港西路婚庆雅苑会所	谢小霞
29	中国艺术教育研究中心——广州海珠怡乐钢琴研究基地	广东省广州市海珠区南华东路怡乐花园108铺勇乐琴行	罗艳丹
30	中国艺术教育研究中心——广州海珠怡乐沙区研究基地	广东省广州市海珠区怡乐路70号之一（新乐宛公交站亭）	何卓君
31	中国艺术教育研究中心——广州海珠弦采钢琴研究基地	广东省广州市海珠区海富路21号铺	陈树平
32	中国艺术教育研究中心——广州海珠馨音研究基地	广东省广州市海珠区沙玻璃光大花园格林1173.1172	刘丽

序号	名称	地址	负责人
34	中国艺术教育研究中心 广州番禺海皇乐器钢琴研究基地	广东省广州市番禺区钟村村钟福广场首层30号	唐香
35	中国艺术教育研究中心 广州番禺星海艺术研究基地	"广东省广州市越秀区农民上路二横路12号101/广东省广州市番禺区雅居乐剑郡佰利山会所"	罗云
36	中国艺术教育研究中心 广州番禺四维美术研究基地	广东省广州市番禺区桥南南堤西路49号1座401	曾佩贤
37	中国艺术教育研究中心 广州番禺少山钢琴研究基地	广东省广州市番禺区碧桂园翠湖区碧翠第2座G08	吴艳
38	中国艺术教育研究中心 广州番禺培蕾舞蹈研究基地	广东省广州市番禺区大石镇建华路五巷308	吴辉国/李祥瑛
39	中国艺术教育研究中心 广州番禺统音钢琴研究基地	广东省广州市番禺区市桥西城城路138号	向婷
40	中国艺术教育研究中心 广州天河鸿鹄舞蹈研究基地	广东省广州市天河区四横路34号广东省文化厅万万大院演音大楼B座208	李晓鸿
41	中国艺术教育研究中心 广州花都艺苑钢琴研究基地	广东省广州市花都区狮岭镇育英路青梅雨乡2号	罗玉芳
42	中国艺术教育研究中心 广州南沙星月钢琴研究基地	广东省广州市南沙区金洲富佳南街3号	陈娟
43	中国艺术教育研究中心 广州荔湾馨艺舞蹈研究基地	广东省广州市荔湾区环市西路48号永安居1211A	刘子雯
44	中国艺术教育研究中心 深圳宝安音乐之星彝舞研究基地	广东省深圳市宝安区松岗镇松明大道159号-161号	陈小艺
45	中国艺术教育研究中心 深圳宝安海钢琴彝舞研究基地	广东省深圳市宝安区松岗街道文化艺术中心培训部	钟海燕/赵文杰
46	中国艺术教育研究中心 珠海香洲新杨舞蹈研究基地	广东省珠海市香洲区新致业路51号繁丰大厦213	刘静
47	中国艺术教育研究中心 肇庆端州厚叶舞蹈研究基地	广东省肇庆市端州区建设一路厚岗招商广楼第一层1001室	欧秀英
48	中国艺术教育研究中心 佛山禅城戴舞团舞蹈研究基地	广东省佛山市江海大道46号一楼	侯莹莹
49	中国艺术教育研究中心 佛山祥城花园钢琴研究基地	广东省佛山市同济西路12号新一佳越舞首层33号铺	姜雯
50	中国艺术教育研究中心 佛山祥城小小音乐新理念钢琴研究基地	广东省佛山市禅城区石湾街道金澜北路越秀十二号53号铺	廖秀霞
51	中国艺术教育研究中心 佛山祥城新理念彝舞研究基地	广东省佛山市禅城新城善君北城5号2P12铺	伍彩萍
52	中国艺术教育研究中心 佛山顺德皇家彝舞研究基地	广东省佛山市顺德区大良镇上路康城花园62，63号铺	石红
53	中国艺术教育研究中心 佛山顺德宝贝舞蹈研究基地	广东省佛山市顺德区勒流镇镇银城路9号	何丽娜
54	中国艺术教育研究中心 佛山高明星韵舞蹈研究基地	广东省佛山市高明区明宝步行街	美小寨
55	中国艺术教育研究中心 佛山高明星丽舞蹈研究基地	广东省佛山市高明区更合镇白工业区	廖秀霞
56	中国艺术教育研究中心 佛山南海飞天舞蹈研究基地	广东省佛山市南海区西樵江滨花园166号二楼	冯晓路
57	中国艺术教育研究中心 佛山南海轻舞飞扬彝舞研究基地	广东省佛山市南海区盐步时代广场D124	张灯
58	中国艺术教育研究中心 佛山南海拾岚声声研究基地	广东省佛山市南海区桂城江南名居锦苑商铺	李飞扬
59	中国艺术教育研究中心 中山东城恒声钢琴研究基地	广东省中山市东区明晴轩27栋D-7	张丹薇
60	中国艺术教育研究中心 中山西区加百利钢琴研究基地	广东省中山市石岐西区开华路15号名仕经典世家花园B003卡	董燕玲
61	中国艺术教育研究中心 中山沙溪新蕾星舞钢琴研究基地	广东省中山市沙溪镇乐群龙瑞路22号之一四楼1卡	肖曼峰
62	中国艺术教育研究中心 东莞东城音乐厅钢琴研究基地	广东省东莞市东城区景湖林郡50号	李素瑛
63	中国艺术教育研究中心 东莞长安贝多纷钢琴研究基地	广东省东莞市长安镇中恶山咩古称凤情街211-212	夏江
64	中国艺术教育研究中心 东莞横沥天使舞蹈研究基地	广东省东莞市横沥镇中山东路金童幼儿园对面金华商务公寓5楼	罗娟
65	中国艺术教育研究中心 东莞蔡步梦之蕾舞蹈研究基地	广东省东莞市蔡步镇鼎盛品筑梦之蕲艺术中心	陈胜利
66	中国艺术教育研究中心 东莞南城小叮咚苗钢琴研究基地	广东省东莞市南城区万科金城华府二期4号楼商商303（宏图大道21号）	翰艺明
			江曙光